KB144467

그해 여름, 고등어 통조림은 어떻게 히트상품이 되었을까?

빅데이터
사용 설명서

오오키 신고 지음

임재덕 옮김 | 박현선 감수

BM 성안당

옮긴이의 말

'실행되지 않는' 보고서는 비용이다.

처음부터 정보를 주는 것이 보고서의 목적인 경우도 있지만, 회사 입장에서는 실행되지 않는 보고서는 '비용'이 된다. 반대로 실행으로 옮겨지는 보고서에는 설득력이 있다. 회사에서의 설득력이란 감성보다는 논리이고, 이런 보고서에는 논리를 뒷받침하는 실질적 데이터가 탄탄하게 들어가 있다. 따라서, 실행으로 옮겨지는 보고서를 쓰고 싶다면 이 책을 읽어보길 바란다. 이 책은 많은 데이터를 찾이 해석히는 실제 과정을 소개하고 있기 때문이다.

이 책에 나온 대로 분석 보고서를 작성할 때 가설적 결론을 먼저 세우고 현상과 데이터를 분석하면, 무조건적인 자료 수집으로 방향성을 잃거나 최종 결론이 흐지부지 되는 위험성을 줄일 수 있다. 물론, 진행 과정에서 가설이 몇 번이고 수정되거나 결론이 바뀌는 경우도 있지만, 결론이 최초 가설적 결론과 뒤바뀌는 경우야 말로 "데이터"의 위력을 실감하게 된다. 이렇듯 데이터는 "단순한 정보가 아닌 Implication의 추출/전달"을 위한 핵심이 된다.

따라서, 이 책은 당면한 문제해결을 위해 고민을 거듭하고 있는 여러분들께 좋은 방향을 제시해줄 것이라고 생각한다.

SK 하이닉스 미래전략본부 임재덕 책임

감수자의 말

빅데이터를 활용해야 할 사람들에게 추천

빅데이터는 ICT분야만이 아니라 모든 산업의 기업 경영 그리고 선거/농업 등에도 오래 전 도입되어 활발히 활용되고 있다.

심지어, 얼마 전에는 예능 프로그램인 무한도전의 '식스맨 특집'에서도 빅데이터 분석을 통해 식스맨 후보자와 연관되는 단어를 분석해 적합성을 보여주었다. 하지만 전문가 추천 순위와 달랐고, 시청자들의 여론에 의해 최종 낙점자를 맞추지는 못했지만, "빅데이터"라는 단어가 초등학생들의 머릿속까지 파고들지 않았을까 생각된다.

그런데, 정작 빅데이터를 어떻게 수집하고 활용하는지 그 과정에 대해 자세한 설명을 접하기는 쉽지 않다. 개념을 추상적으로 설명하는 블로그나 기술에 대한 전문서적이 있을 뿐이다.

이 책은 빅데이터를 이용한 마케팅 전략 수립에 종사하는 저자가 흥미로운 주제에 대해 실제 빅데이터를 어떻게 분석에 활용하고, 어떻게 적용해 가는지를 알려준다. 또 분석의 정확성과 효과를 높이기 위한 주의사항도 정리되어 있다

따라서, 빅데이터가 경쟁적 극대화, 회사의 발전을 위해 꼭 필요한 수단임을 알고 있음에도 제대로 활용할 수 없었던 실무자/책임자들에게 일독을 권하고 싶다.

SK 텔레시스 경영기획 박현선 부장

>> Introduction

언제나 슈퍼에 진열되어 있던 흔한 상품이 갑자기 대히트 상품이 되는 경우가 있다. 2013년 여름, 갑자기 고등어 통조림의 판매가 급증하더니 품절되어 슈퍼 진열대에서 사라져 버렸다. 사건의 발단은 한 TV 프로그램에서 고등어 통조림이 다이어트에 효과가 있다고 소개된 것이었다. 그후 한 달간 제2, 제3의 파장이 고등어 통조림의 구매를 부추기더니 그 해 여름 대히트 상품이 되었다.

TV 프로그램에서 처음 소개된 후 해당 정보가 트위터와 블로그에서 확산되고 인터넷 뉴스와 TV 프로그램에서 다시 다뤄지는 등 정보 확산과 노출에 의해 고등어 통조림을 구매하는 사람이 점점 늘어났다. 이전에는 고등어 통조림을 산 적이 없던 사람도 물건을 구하러 매장을 찾아 다니는 사태가 벌어진 것이다.

슈퍼마켓의 계산대에 설치된 POS 단말기[1]의 정보를 확인해 보니, 시발점인 TV 프로그램이 방영된 주와 그 다음 주의 매출이 전년 대비 4배나 늘어났다.

자세한 사항은 제2장에서 설명하겠지만, 트위터나 블로그에 게재되는 횟수와 글의 맥락, 그리고 ID-POS 데이터의 수치를 조합하여 분석하면 고등어 통조림이 메가 히트 상품이 된 이유와 어떤 사람이 언제 구입했는

*****
1 역주 : 판매시점 정보관리 시스템(Point of Sales) 물품을 판매한 시점에 판매 정보가 컴퓨터에 저장되고 집계되어 관리됨. 판매/재고정보 관리에 유용함.

5

지 등을 명확하게 알 수 있다.

이렇게 얻은 정보를 잘 응용하면 차기 히트 상품의 예측도 가능하다. 텔레비전 방송을 계기로 일순간 트위터나 블로그에서 관심이 급증하는 현상이 발생하고 고등어 통조림의 초기 상황과 같이 판매 증가 현상이 재현된다면 해당 상품은 높은 매출을 보일 가능성이 있다.

평소와는 다른 일이 일어났다면 거기에는 반드시 모종의 인과관계가 있다. 데이터 분석이란 이런 인과관계를 파헤치는 작업이라고도 할 수 있다.

뜻밖의 히트 상품이 탄생하면 일반적으로 신문이나 잡지 등의 매스미디어가 사후에 그 인과관계를 설명해 준다. 만약 이 인과관계를 사전에 파악할 수 있다면 어떨까? 초기의 움직임을 간파함으로써 다음에 무엇이 잘 팔릴지, 어디서 팔릴지, 누가 살지 등을 신속히 예측할 수 있게 된다. '바람이 불면 나무통 장수가 돈을 번다'[2] 라는 인과관계가 사실이라면 평소에 풍속을 잘 측정해 두어야 한다. 매일 풍속 데이터와 나무통의 매출을 조합하여 분석하면, 예를 들어 '풍속이 초당 Am이상이면 B일 후에는 나무통의 매출이 과거 C년간의 월평균 매출의 D배가 된다'와 같은 결론을 얻을 수 있게 된다.

빅데이터의 '빅'을 생각한다

빅데이터, 데이터 사이언티스트, 통계 수법 등의 데이터 활용에 관련된 키워드가 전문 잡지뿐 아니라 일반 잡지, 신문, 웹 사이트에서도 자주 거론된다. 비즈니스맨의 일상에서 이러한 키워드를 접하지 않는 날이 없을 정도로 큰 주목을 받고 있고, 최근 수십 년간 IT(정보기술)는 진화를 거듭

*****
2 역주 : 일본 속담인 '바람이 불면 나무 바가지 장수가 돈을 번다'는 '관계 없어 보이는 일들이 연관성을 갖고 예상치 못한 결과를 만들어 낸다'는 뜻으로, (봄)바람이 불면 건조한 먼지가 많이 날려 장님이 늘어나고, 장님이 할 수 있는 직업 중 샤미센(일본 전통 악기) 연주자가 늘어난다. 샤미센은 고양이 가죽으로 만들기 때문에 고양이의 수가 줄고 천적이 없어진 쥐의 수는 늘어난다. 쥐가 늘어나면 나무통을 갉아먹어 가정마다 있는 나무통의 교체 시기가 빨라져 결국 나무통 장사의 매출이 늘어난다는 인과관계를 설명하고 있다.

하여 통신판매 사이트, SNS(Social Network System), GPS (Global Positioning System), 생체 인증 센서 등에서 얻은 데이터가 계속 축적되고 있다.

이러한 데이터를 무기 삼아 새로운 비즈니스 기회를 창출하고 업무 효율의 개선에 성공하는 기업이 증가하는 추세지만 필자가 근무하는 회사에는 마케팅 영역에서 데이터 활용을 상담하러 오는 기업 담당자 중에 "우리 회사의 데이터는 빅데이터가 아닙니다만…"이라며 주저하는 경우도 적지 않다.

2014년 4월에 열린 '빅데이터 컨퍼런스 2014 Spring'(주최 니케이 빅데이터 실험실 주최)에서 「분석학계의 드러커」라고도 불리는 미국 Babson College의 토마스 H. 대븐포트 교수는 다음과 같이 말했다.

"데이터 분석의 시대는 일반 기업도 비즈니스 데이터를 자유자재로 활용하는 '분석학 3.0'에 돌입했다. 스몰 데이터와 비데이터, 사내외 데이터, 양적 데이터와 질적 데이터 등 다양한 데이터를 통합해 예측형 혹은 지시형(과제에 어떻게 대응할지 구체적인 해결책을 포함한 것) 분석을 실시함으로써 새로운 솔루션을 발견하려 하고 있다."

빅데이터의 비즈니스 활용 전문 컨설턴트인 노무라 종합연구소의 스즈키 료스케씨는 빅데이터를 '사업에 활용할 수 있는 식견을 도출하기 위한 '고해상', '고빈도 생성', '다양성'을 충족하는 데이터라고 정의한다.

스즈키씨가 언급한 '고해상', '고빈도 생성', '다양성'을 필자 나름대로 바꾸어 말하면 「데이터가 정밀한가?」, 「실시간(Real Time)으로 데이터를 취득 가능한가?」, 「데이터의 항목은 풍부한가?」이다.

실제로 여러 기업의 각 부문에서 대븐포트 교수와 스즈키씨가 지적하는 '빅데이터'가 증가하고 있을까? 축적된 데이터는 단순한 로그로서 추이를 확인할만한 것이 아니다. 고객과 시장의 동향을 높은 정밀도로 예측함으로써 기업의 경쟁력을 높이고 치열한 경쟁에서 이기기 위해서는 데이터의 양만이 중요한 가치가 될 수는 없다. 데이터의 양은 적어도 분석 결과를 과제 해결로 연결할 수 있다면 '빅데이터'라 할 수 있다.

전문가가 아니라도 데이터를 '분석'할 수 있다

필자는 1997년 인문계 대학을 졸업한 후 줄곧 소비자와의 접점에서 시장을 창출하는 커뮤니케이션 영역에 종사하고 있다. IT화라는 커다란 진화에 발맞춰 최일선에서 사회생활을 한 것이다. 처음 취직한 회사에서 영업을 하던 시절, 신속한 연락을 위해 손에 쥐고 있던 것은 스마트폰이 아니라 공중전화카드였던 아련한 기억이 있다.

얼마 지나지 않아 하쿠호도 그룹에 들어와 지금까지 데이터를 취득하고 분석하여 매출 효율을 향상시키는 다이렉트 마케팅 업무에 종사하고 있다.

광고에 대한 평가는 곧 '구매 주문 수'라는 눈에 보이는 결과가 전부인 세계에서 고객의 다양한 반응을 예상하여 상품과 서비스의 매출 향상을 위해 매진해 왔다. 현재는 빅데이터에 의지하는 경향이 있지만, 온갖 업종의 다채로운 데이터를 이용해 과제 해결을 목표로 하는 마케팅 플래너라고 자부하고 있으며 철저히 데이터에 근거해 결정되는 시스템을 구축하고자 매일 도전하고 있다.

눈치챘겠지만, 필자는 통계분석 전문가는 아니다. IT에 특별히 정통한 것도 아니다. 단지 데이터를 활용하는 업무와 분석 결과를 실행으로 옮기는 전략 수립을 계속해 왔기 때문에 통계분석 전문가는 아니지만 현장 경험에서 얻은 식견과 지혜에는 강한 자부심을 갖고 있다. 그런 내가 이 책에서 전달할 수 있는 것은 데이터 활용의 현장에서 봐온 '사고방식'을 알기 쉽게 설명하는 일일 것이다.

① 데이터 분석은 어렵지 않다. 프로세스의 이해가 중요하다.
② 데이터의 인과관계를 분석하면 새로운 '발견'을 할 수 있다.
③ 데이터 분석에서 얻은 '발견'을 어떻게 실행할 것인가?
④ 분석을 실시한 후 그 효과를 검증하지 않으면 의미가 없다.
⑤ 데이터 분석력을 가진 팀을 만든다.

이 중 하나라도 관심이 있는 분은 반드시 이 책을 읽어 보기 바란다.

데이터 분석 활용의 흐름을 읽는다

1장을 시작하기 전에 데이터 분석 활용의 흐름에 대해 살펴보자. 실제로 데이터 분석을 실행하기 전까지 다음과 같은 단계를 거치게 된다.

① 데이터 분석에 착수하기 전 분석의 목적을 명확히 하고 가설을 구축하는 '의지 확립' 단계

② 데이터를 수집하고 작업 환경을 정돈하고 분석하는 '가시화' 단계

③ 분석 결과가 의미하는 바를 해석하고 해결 방안을 강구하는 '번역' 단계

④ 목표를 설정하고 실제로 '실행'하는 단계(물론 효과도 평가한다.)

다음 그림에서 보듯이 '가시화' 단계에서는 테크놀로지와 통계 분석의 자질이 요구되고 '번역'과 '실행' 단계에서는 경영·업무 지식·마케팅 능력이 요구된다.

본문에서는 제1장 데이터 분석 활용의 구체적인 사례로, 일본 항공이

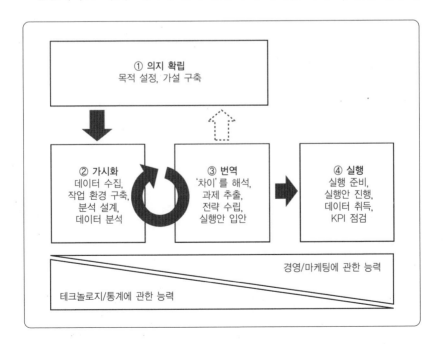

도전한 데이터 분석 프로젝트를 소개한다. 제2장에서는 주로 데이터를 분석 활용하는 프로세스 중에서 '① 의지 확립', '② 가시화'에 관해 해설하고 '③ 번역', '④ 실행'은 제3장과 제4장에서 다룬다.

각 장에는 구체적인 대처 방법을 이해할 수 있도록 데이터 분석에 대한 최신 사례를 들었다.

데이터 활용에는 크게 2개의 개념이 있다고 필자는 생각한다. 제조·생산 과정과 품질 관리 등의 최적화를 목적으로 하는 '수비형' 데이터 활용과 고객과의 관계 구축, 매출 향상 예측, 비즈니스 창출 등의 마켓 확대를 목적으로 하는 '공격형' 데이터 활용이다. 이 책은 후자인 공격형을 중심으로 구성했다.

이 책은 데이터 활용의 중요성은 알고 있지만 숫자에 약하고 통계라는 말이 나오면 멈칫거리게 되는 분, 한창 공부 중인 기업 담당자, 통계와 마케팅을 배우는 학생들의 이해를 도울 수 있을 것이다. 그리고 높은 수준의 데이터 활용을 추진하는 분들에게는 기본적인 사고방식의 재정립에 도움이 되었으면 한다.

이 책이 데이터 활용에 대한 관심과 이해의 저변을 넓히는 계기가 되기를 바란다.

도쿄 도요스에서 오오키 신고

목차

제1장

일본 항공이 도전한
데이터 분석 프로젝트

≫

"고객의 환경이나 관심 분야를 알고 있다면 그 사람이 찾고 있는 상품과 서비스를 추측할 수 있지 않을까?"

"데이터로부터 고객의 무엇을 알 수 있을까?"

"하지만 그것을 알더라도 실제로 JAL을 이용할지는 알 수 없지."

"데이터의 종류와 양이 많아지면 정밀도가 높아져서 한 사람 한 사람의 고객에게 적합한 추천을 할 수 있을지도 몰라."

"이론과 현실은 다르지…. 어쨌든 한 번 해볼까?"

2013년 7월, 일본항공(JAL)의 본사 회의실에서 동사 여객판매총괄본부의 웹 판매부와 하쿠호도 프로덕트의 사원으로 구성된 프로젝트팀이 '데이터'를 앞에 놓고 격렬한 논의를 벌였다. 이 프로젝트의 테마는 고객의 미래 구매 활동을 예측하는 것. 여러 가지 데이터를 분석하여 다음에 고객이 무엇을 구매할 것인지를 예측하려 한 것이다.

예측 결과를 바탕으로 해당 고객에게 적합한 상품을 제시함으로써 실제 구입 가능성을 높여 매출 향상을 도모한다. 결론부터 말하면 이 프로젝트에서 수행한 데이터 분석을 통해 새로운 고객층을 발굴하여 매출을 10배나 높일 수 있었다.

프로젝트를 막 시작한 초기에는 어떤 데이터를 어떻게 분석해야 좋을지 전혀 알 수 없었다. 그래서 처음에는 데이터는 일절 보지 않기로 했다. 그 대신 고객의 구매 행위를 다각도로 파악하여 고객의 입장에 접근하려고 했다. 항공권 구입, 여행 신청, 마일리지 특전에 의한 쇼핑 등등 JAL의 상품 서비스를 이용하는 고객이 어떠한 상황에서 구매까지 도달했는지, 프로젝트 멤버 전원이 상상력을 동원해 구성한 상황을 순서대로 목록화 했다.

- 매년 같은 시기에 귀성편으로 이용함
- 단체 여행을 할 때는 항상 총무 역할을 함
- 여자들끼리의 즐거운 여행, 이른바 '여자 여행'을 선호함
- 'JAL 카드'를 막 갖게 된 사회 초년생
- 탑승은 적지만, 마일리지 활용에 능숙한 쇼핑 마니아
- 이번엔 득이 되는 '선취'를 이용할 기회를 놓침

이처럼 다양한 구매 상황에 대한 가설이 차례로 리스트에 추가되었다. 이것을 1개씩 논의하며 유사한 사례끼리 모아 그룹을 나누었다.

'1년 1회의 호화 여행', '캠페인에 쉽게 흔들림', '부부 투어 신청', '친구간 여행', '준 여행 전문가', '신혼 부부', '스포츠 관전 마니아'…. 이렇게 해서 JAL의 상품 서비스를 구매하는 고객의 '행동 가설'이 약 70개 그룹으로 좁혀졌다.

프로젝트 멤버 전원이 지혜를 모아 그룹을 구분했지만, 개중에는 활용할 수 없는 것도 있었다. 해당 고객수가 적고 판촉 활동을 하더라도 수익성이 적은 것, 데이터를 활용해도 고객을 특정할 수 없는 것 등이었다.

그래서 그룹을 한번 더 걸러냈다. 구체적으로는 ① 데이터로부터 고객을 특정할 수 있는지 ② 일정 수 이상의 고객이 있는지 ③ 해당 고객층에 대해 프로모션을 추진할 수 있는지 ④ 해당 고객층이 매출 증가에 기여할 수 있는지의 4가지 시점에서 재평가했다. 이 작업을 통해 최종적으로 십수 개의 그룹만이 남게 되었다.

데이터 분석으로 '해외 여자 여행'을 좋아하는 사람을 찾아내다

드디어 데이터 분석을 할 차례다. 다양한 데이터를 분석하여 십수 개의 그룹별로 각각 해당 고객을 특정하고, 구체적인 판촉 실행 계획을 만들어가는 과정이다.

'여자들끼리의 즐거운 여행, 이른바 해외 여자 여행' 그룹을 예로 들어보자. 이 그룹에 속하는 고객의 해외 여행(이하 '해외 여자 여행'이라고함)을 대상으로 어떻게 데이터 분석을 했는지 일련의 과정을 소개한다.

이 경우에는 데이터에서 해당자를 특정하기 위해 맨 처음 해야 할 일이 있다. 그것은 '해외 여자 여행'의 정의다. 프로젝트 멤버들이 논의한 결과 다음과 같은 조건으로 고객군을 정했다.

- JAL 홈페이지에 로그인하여 웹에서 구매를 한다.
- 과거 2년간 1회 이상 일본발 JAL 국제선에 탑승했다.
- 20~45세의 여성 마일리지 회원이다.
- 동년배 여성끼리의 탑승이 1회 이상 있다.

이러한 정의를 데이터에 적용하여 8만 명 중 약 1만 명을 추출했다. 그렇다면 이들 해외 여자 여행 고객은 어떤 행동 특징이 있을까? 해외 여자 여행 고객과 그 외 고객과의 행동 차이를 몇 가지 측면에서 찾을 수 있었다

구체적으로 설명하면 해당자와 비해당자를 '해외 여자 여행을 하는 그룹'과 '해외 여자 여행을 하지 않는 그룹'으로 '연령대', '여행 시기', '웹페이지 열람 내용', '여행지' 등의 데이터를 누적해가는 크로스 집계 분석을 실시했다. 크로스 집계 분석이란 2개 이상의 항목을 동시에 집계하는 방법이다.

예를 들어 연령대(20대·30대·40대)로 크로스 집계를 하면 각각의 연령대에 포함되는 해당자와 비해당자의 수를 파악할 수 있다. 20대는 해당자가 많고 40대는 비해당자가 많다는 차이가 나오면 20대는 40대보다

여자 여행을 하는 사람이 많은 경향이 있다고 판단할 수 있다. 참고로 이 경우에는 대량의 데이터를 크로스 집계하는데 표 계산 소프트웨어 'Excel'과 데이터 분석의 전용 소프트웨어를 사용했다.

페르소나[3]로 가공의 고객상을 만들다

데이터 분석 결과 '해외 여자 여행' 고객은 다른 고객에 비해 다음과 같은 경향이 있음을 알 수 있었다.

우미야마 요시코씨 28세(가명)

도내 대기업 총무부 근무
통근 시간 약 40분 거리의 교외에 거주
친한 여자 동료와 '여자 여행' 계획 중

이번엔 절친한 토모미(가명)와 '여자 여행'을 가기로 했다.

큰마음 먹고 **동경하던 파리**에 간다. (**6일간 1만엔 추가로 호텔 업그레이드를 유청할**)

파리는 **전에도 간 적이 있는데**, 너무 좋았다.

취직을 한 후 해외여행을 자주 가는데, **벌써 네 번째**다.

이번에는 파리의 분위기와 맛있는 음식을 토모미와 즐기고 싶어서 안전한 **패키지 여행**을 신청했다.

카르티에라탱에 있는 피카소가 들른 카페에 데려갈까! 오르세도 좋을 것 같다.

집에서 홈페이지에 로그인 했을 때 **배너를 보지 않았다면** 이번 여행 기회를 잡지 못했을 것이다.

(여자 여행 **투어 소개 웹페이지**를 열람. **마일리지를 알려주는 웹 페이지도 열람**)

친구와 여행을 떠날 때는 준비하는 시간부터 즐겁다.

퇴근 후나 토요일에 차를 마시면서 함께 **스마트폰으로 체크**했다.

하지만 좀처럼 일정이 맞지 않아 난감했다. **결국 연휴가 있는 9월**로 결정!

JAL 마일리지 뱅크 회원이 되고 나서 **10년도 안 되었는데**, 해외여행을 네 번이나 했더니 마일리지도 꽤 쌓였다.

그렇지만 해외 탑승의 특전을 받으려면 아직 조금 남았다. (**쇼핑 마일리지는 별로 쌓이지 않았다**)

도표 1.1 페르소나화 : 분석 결과를 토대로 가공의 인물을 만들어 본다.
※ 밑줄은 분석 결과에 근거해 가정한 것. 그 이외는 상상력을 발휘하여 작성했다.

*****
3 역주 : Persona. 어떤 제품 혹은 서비스를 사용할만한 표본집단 안에 있는 다양한 사용자 유형들을 대표하는 가상의 인물.

- 해외 여행 경험이 일정 횟수 이상이다.
- 현지에서의 체류 일수는 며칠간이다.
- 9월의 여행 경험이 많다.
- 스마트폰으로 웹에 접속한 비율이 높다.
- 참가 신청 페이지를 많이 열람한다.
- 마일리지의 가입 이력이 상대적으로 짧다.

이러한 사실을 연결하면 가공의 인물상을 만들 수 있다. '페르소나화'라 불리는 방법이다(도표 1.1). 분석하는 측의 상상도 들어가기 때문에 좀 허술한 작업으로 보일지도 모른다. 작성하는 사람에 따라 다소 다른 결과물이 나오는 경우도 있다. 그러나 데이터 분석의 결과를 반영하므로 대략적인 인물상이 크게 달라지지는 않는다. 대상이 되는 인물상을 구체화하면 실제로 판촉 활동을 실행할 때 전해야 할 메시지나 영상 등의 요소가 명확해진다. 또한 사내외 관계자나 경영진에 설명할 때도 설득력이 높아진다.

프로젝트팀의 입장에서 페르소나화는 큰 성과물 중 하나이긴 하지만 여기서 멈추면 수익으로 연결될 수 없다. 구체적인 실행 플랜을 세워야 하는 것이다.

'미래의 잠재 고객'을 발굴한다

수익 향상을 위한 방안은 '비해당자' 중 가까운 시일 안에 해외 여자 여행을 할 가능성이 있는 고객을 데이터로 특정하거나 추출하는 것이다. 기존의 해외 여자 여행 고객이 한번 더 구매하도록 하는 것도 중요하지만 '미래의 잠재 고객'을 실행 단계로 끌어올리는 것은 마켓의 확대를 의미한다.

그런데 지금까지의 분석만으로는 잠재 고객층을 알 수 없다. 그렇다면 '미래의 잠재 고객' 그룹을 어떻게 특정할 것인가? 기존의 해당자 그룹의 특징과 유사한 경향을 가진 고객을 찾으면 된다는 것이 해답이다. 보다 구체적으로는 해외 여자 여행 그룹의 비해당자 중에서 '9월에 여행한다', '스마트폰으로 JAL의 홈페이지를 자주 살펴본다', '여행은 △~□일간' 등과 같은 특징을 가진 고객을 찾아내는 것이다.

현시점에는 아직 해외 여자 여행을 한 적이 없지만 미래에 실행할 가능성이 있는 고객의 특정을 시도했다. 이미 드러나 있는 해외 여자 여행 그룹 1만 명과 비해당자' 중에서 무작위로 선정한 1만 명의 데이터를 이용하여 로지스틱 회귀 분석⁴이라는 판별 모델을 적용했다.

매출이 발생한 상황의 인과관계를 통계 수법으로 확인한다

심도 깊은 이해를 위해 분석법에 대해 간단히 알아보자. 기본적인 통계 분석 방법인 '회귀 분석'은 '양적 데이터 2개의 한 축을 이용하여 다른 한 축의 변화를 설명하는 방법'이다.

이 설명만으로는 어렵게 느껴질 수 있으시겠지만, 일반적으로 2개의 데이

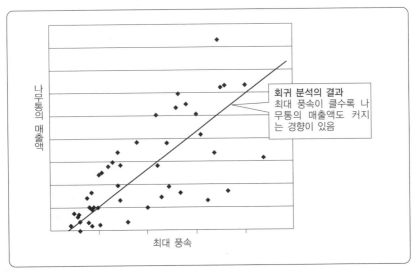

도표 1.2 회귀 분석의 개요

*****
4 역주 : Logistic Regression(로지스틱 회귀 분석)이란 베르누이 분포에 따르는 변수의 통계적 회귀 모델의 한 가지로, 주로 종속변수가 두 가지(실패/성공, 정품/불량, 해당/비해당 등)인 경우나 순서형/분류형인 경우에 적합하다.

터 중에서 상관성이 높은 경향을 찾는 방법이라고 이해하면 된다. 예를 들어 1일 단위로 '최대 풍속'과 '나무통의 매출액'이라는 2개의 데이터가 있다고 하자. X축을 최대 풍속, Y축을 통의 매출액으로 한 그래프에 1일 단위의 데이터를 기록한다. 이때 만약 최대 풍속의 수치가 커짐에 따라 나무통의 매출이 높아지는 그래프가 되면 최대 풍속이 클수록 나무통은 팔리는 경향, 즉 '바람이 불면 나무통 장수가 돈을 번다'가 성립된다(도표 1.2). 데이터의 종류가 3개 이상인 경우에는 '중회귀 분석' 수법을 써야 한다.

'로지스틱 회귀 분석'은 확률을 예측하는 것이다. 예를 들어 슈퍼마켓의 영수증 데이터가 축적되어 있다고 가정한다. 이 데이터를 바탕으로 표를 만들어 보자. 가로축에는 영수증 번호, 세로축에는 상품을 설정한다. 영수증별로 고객이 구입했으면 '1', 구입하지 않았으면 '0'이 기입된다. 이러한 데이터를 기초로 특정 상품의 판매 확률을 산출하는 것이 로지스틱 회귀 분석이다(도표 1.3). 실제로는 영수증별로 취득할 수 있는 '연령', '성별'과 구입 시간대, 평일/주말 등의 판매 상황을 설명하는데 유효

영수증 번호	구매 상품						
	상품A	상품B	상품C	상품D	상품E	상품F	상품G
120301	1	0	1	1	0	1	0
120302	0	1	1	0	1	1	0
120303	1	0	0	0	1	0	0
120304	1	0	1	0	0	1	0
120305	0	1	0	1	0	0	1

로지스틱 회귀 분석의 결과

상품A와 동시에 구매될 확률

상품B	상품C	상품D	상품E	상품F	상품G
0.9	2.8	1.2	0.1	0.2	1.6

C를 구입하면 A를 구입할 확률이 2.8배가 된다고 해석됨

도표 1.3 로지스틱 회귀 분석의 개요

한 변수를 사용하는 것이 일반적이다. 이 분석으로 산출되는 숫자는 0~1 이고 1에 가까울수록 실현 확률이 높다고 판단할 수 있다.

이번 과제인 '어떤 고객이 해외 여자 여행 고객인지 여부', 즉 해외 여자 여행 미경험 고객이 미래에 실행할 확률을 예측하기 위해 '정량적 데이터'와 '정성적 데이터'를 합해 20개가 넘는 데이터를 사용하여 로지스틱 회귀 분석을 실시했다. 정량적 데이터와 정성적 데이터란 간단히 말하면 전자는 사칙연산을 할 수 있는 데이터이고 후자는 그것을 할 수 없는 데이터이다. 예를 들어 매출이나 기온은 정량적 데이터, 요일이나 그날의 날씨는 정성적 데이터이다.

웹 사이트의 실증 실험으로 분석 결과의 정확성을 증명한다

이번 데이터 분석의 결과로 8만 명이 넘는 모집단에서 가까운 미래에 해외 여사 여행을 할 가능성이 있는 고객' 약 1만7000명과 '해외 여자 여행은 하지 않을 고객' 약 5만 명으로 분류할 수 있었다.

그러나 이것은 어디까지나 데이터 분석에 있어서의 예측이다. 이 분석 결과를 활용한 판촉 활동이 성공한다는 보장은 없다. 실제로 목표 한 대로 판별이 되었는지, 정말로 구매 행동을 할 것인지, 판별하기 위해 분석 결과가 올바른지 여부를 검증할 필요가 있다.

이를 위해 이번에는 웹 사이트를 활용해 분석 결과를 검증했다. '기존의 해외 여자 여행 고객', '가까운 미래에 해외 여자 여행을 할 가능성이 있는 고객', '해외 여자 여행을 하지 않을 고객'의 세 그룹으로 나누고 각 그룹에 속한 고객이 웹 사이트에 로그인 했을 때 '여자 여행@해외'라는 배너를 같은 조건에서 일정 기간 노출하여 실제 구매로 얼마나 이어졌는지를 측정했다(도표 1.4). 그 결과 '가까운 미래에 해외 여자 여행을 할 가능성이 있는 고객'이 '해외 여자 여행을 하지 않을 고객'에 비해 매출이 약 10배 높았다. 데이터 분석에 의한 예측이 성공한 것이다.

일련의 프로세스에서 중요한 것은 데이터와 무관하게 처음에는 소비자의 행동을 상상하고 가설 수립부터 시작한 점이다. 그래서 '여자 여행',

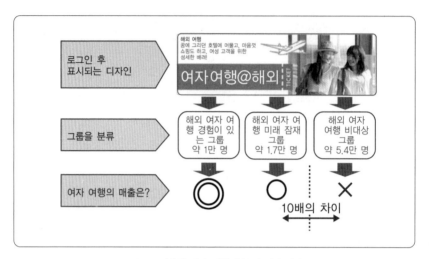

도표 1.4 '해외 여자 여행'의 분석 결과 검증

'언제나 총무를 맡음' 등의 독창적이고 자유로운 그룹 가설을 바탕으로 데이터 분석을 할 수 있었다. 처음부터 데이터에 얽매여 시작했다면 이미 알고 있는 가설만 찾아내고 여자 여행 그룹은 생각조차 하지 못했을 것이다.

이번 프로젝트의 리더인 JAL의 시부야 나오마사씨(여개판매총괄본부 웹 판매부 1 to 1 마케팅 그룹 어시스턴트 매니저)는 '과거에도 데이터를 분석하여 가시화 작업을 했지만, 이번 프로젝트를 통해 데이터를 우뇌로 해석하는 것의 중요성을 실감했다. 데이터를 보지 않고 자유로운 발상을 시도한 점과 페르소나화라는 가공의 인물상을 만들어 낸 점이 특별했다' 라고 말한다.

데이터를 집계 분석하는 데이터 사이언스에 우뇌적인 마케팅 사고를 융합하여 비즈니스 성과를 향상시키는 씨를 뿌릴 수 있었다. 데이터 분석을 비즈니스에 활용하는 사고 프로세스라고 할 수 있다. 더 알기 쉽게 표현하면 '고객을 찾아내는 힘'이라 하겠다.

데이터가
말하게 한다

2-1 >> 가설을 세운다

데이터 분석에 앞서 미리 '몇 개의 가설'을 세우는 것이 중요하다. 여기서 가실이란 전략의 방향성을 징하기 위한 지침으로, 임시로 설정한 결론이라고 할 수 있다. 결론이란 과제의 해결 솔루션이자 단적으로 말하면 매출과 이익의 향상 방안이다.

매출 향상을 목표로 '고객 단가를 올리려면 어떻게 하면 좋을까?', '구매 횟수를 늘리려면 무엇이 필요할까?', '어떤 상품을 얼마나 발주하면 좋을까?', '누구에게 메시지를 전하면 좋을까?' 등의 물음에 대해 '그 답은 아마 이것일 것이다'라는 유효한 가설(임시 결론)을 가져야 한다.

우선은 상상이라도 상관없다. 매출 향상을 위한 최적의 솔루션을 그려보는 것이 첫 걸음이다.

가설의 정밀도를 높인다

'이 결과의 요인은 이것이다. 그것을 증명하기 위해 데이터 A와 데이터 B를 조합하면 경향이 보일지도 모른다. 이 경향이 확실하면 과제를 해결할 실행 방안을 찾을 수 있을 것이다.'

이러한 고민을 끊임없이 계속해야 한다. 특히 입장이 다른 관계자 전원이 함께 생각하는 것이 중요하다. 각 담당자가 보유한 경험과 지식 그리고 통찰력이 발휘되어 다양한 가설이 나온다. 우선은 데이터가 아니라 아이디어를 축적하는 프로세스가 중요한 것이다.

가설의 정밀도를 높이기 위한 프로세스는 다음과 같은 4단계의 흐름을 이미지화하면 이해하기 쉽다.

(1) 가설을 세운다

가급적이면 처음에는 데이터를 사용하지 않는다. 단 트랜드 정보 등의 데이터를 참고할 수는 있다.

예를 들어 매출을 향상시키기 위해 고객의 구매 행동을 파악하고 싶다. 고객은 무엇을 요구하고 있는가? 어째서 그런 행동을 하는가? 고객의 관점에서 보면 자연스럽게 고객의 본심과 기분을 상상할 수 있다.

100번 고쳐 쓸 각오로 가설을 세워보자. 예를 들어 앞서 언급한 JAL의 '해외 여자 여행' 사례에서는 고객의 구매 행동에 있어 '여자끼리의 즐거운 여행, 이른바 여자 여행을 신호하는 고객의 수가 직지 않을 것이나'라는 것이 가설이다. 그 밖에도 '저렴한 할인 운임을 선점하여 이용할 기회를 놓치고 말았다'는 가설도 포함되어 있었다. 이 고객군은 가격을 검색하여 일단 금액 정도는 파악하고 있었을 것이다. 하지만 일이 바쁜 데다 늘 하던 귀성이라고 방심하다가 어느 새 캠페인 기간이 지나 버렸을 것이다. '아, 그럴 수도 있겠구나!'하는 감각을 가져야 한다. 가설을 수립하기 위해서는 고객의 시점에서 생각하는 것이 중요하다.

(2) 가설을 좁힌다

등장한 가설들을 몇 개의 관점으로 좁힌다. ① 데이터 분석의 결과에서 높은 정밀도로 대상을 특정하거나 추출할 수 있는가? ② 해당 가설로 매출 향상을 기대할 수 있는 인원 수를 확보할 수 있는가? ③ 실행 방안으로 전환이 가능한가?(실행할 수 없다면 의미가 없다) 등의 시점에서 걸러낸다. 이 작업 이후에는 보유한 데이터 항목과 분석 수법 및 마케팅에 대한 이해가 요구된다. JAL의 사례에서는 약 70개의 가설을 십여 개로 줄였다. 프로젝트를 구성하여 공동으로 하나하나 논의와 고찰을 거듭해 가는 것이 특히 중요한 부분이다.

(3) 데이터를 토대로 가설을 검증한다

좁혀진 가설의 타당성을 다양한 데이터 분석(크로스 집계·다변량 해석 등)으로 확인한다. 실제 분석 작업이 중심이 된다. 일정수의 고객을 추출한 후 해당 고객의 특징을 찾아내기 위한 분석도 실시한다. 추출된 고객의 수가 적거나 명쾌한 특징을 발견할 수 없는 경우에는 (2)번의 가설을 좁히는 과정으로 되돌아간다.

JAL의 사례에서는 사전에 정의된 데이터의 추출 규칙에 따라 약 1만 명의 '해외 여자 여행을 하는 그룹'을 추정할 수 있었다. 그리고 해당자(해외 여자 여행을 하는 그룹)와 '해외 여자 여행을 하지 않는 그룹'으로 나누고 다양한 데이터를 크로스 체크하여 해당자의 특징을 찾아낸 것도 이 프로세스에 해당된다. 고객 대상을 '페르소나'로서 인물의 이미지를 구체적으로 떠올리는 단계까지 작업하여 잠재적인 고객을 판별했다.

(4) 가설대로 실행한다

앞의 세 단계를 통해 얻은 '정보'는 과제를 해결하기 위한 '시사점'이다. 네 번째 단계는 그 시사점의 유효성을 확인하는 작업이라고 할 수 있다. '확인 작업 과정'에 대한 자세한 사항은 제3장에 소개하겠지만, 올바른 효과를 얻기 위해서는 실행 계획 수립이 중요하다는 것을 언급해 둔다.

JAL의 사례에서는 잠재적인 '해외 여자 여행'층을 특정하여 해당 고객이 실제로 구매를 할 것인지 여부를 확인했다. 구체적으로는 해당 고객이 JAL 홈페이지에 로그인하면 '여자 여행'에 대한 배너 광고를 보여주거나 메일 매거진으로 정보를 송부했다.

일련의 프로세스의 목적은 시사점에 따른 실행 계획을 수립하여 과제를 해결하기까지의 방법을 체계화하는 것이다.

4단계 과정을 실행할 때 유의해야 할 것이 있다. 먼저 사전에 정해 놓은 가설에 너무 집착하지 말아야 한다. 가설은 어디까지나 한 가지의 가능성일 뿐이다. 분석을 하다 보면 의도하지 않고 얻은 '뜻밖의 발견'으로 전혀 새로운 가설이 탄생하는 경우가 많다. 따라서 최초의 가설에 얽매이지 말고 데이터에서 얻은 결과를 유연하게 받아들여야 한다. 오히려 거기에 더한 놀라움과 즐거움이 숨겨져 있는 경우도 있다. 사실 일을 하다 보면 초기에 얻은 정보로는 해결책을 찾지 못해 재차 (1) 혹은 (2)단계로 되돌아가야 하는 경우가 적지 않다. 데이터 분석을 할 때는 이런 과정 자체를 즐기는 자세를 갖는 것이 좋다.

2-2 » 데이터가 말하게 하려면

데이터를 분석하여 가시화하면 그 속에 숨어 있던 경향이나 패턴을 찾을 수 있다. '그래도 분석 진에 예상했던 결과를 벗어나는 정보를 얻기 어렵다'라는 목소리를 종종 접한다. 특히 전술한 일련의 과정을 따르지 않고 데이터 분석을 하는 경우 그러한 경향이 현저하다.

분명히 데이터 분석 결과의 절반 가량은 '사전에 예상했던 일'인 경우가 많다. 데이터 분석을 해본 경험이 있다면 공감할 것이다. 뒤집어 말하자면 지금까지 직관적으로 알던 것을 숫자로 입증한 것만으로도 그 자체를 '재발견'이라고 할 수 있다.

보다 중요한 것은 분석 전에는 예상할 수 없었던 남은 절반의 분석 결과로 지금까지의 상상력을 뛰어넘는 경향이나 패턴을 발견하는 것이 데이터 애널리스트나 마케터의 역할이다. 남은 절반의 데이터 더미를 파헤치고 해석을 덧붙여 '의외의 발견'으로 승화시키는 것이다. 알기 쉽게 말하면 사업상의 문제 해결에 공헌하는 시사점을 얻는 것이며 고객과의 관계 구축을 강화하는 원동력을 발견하는 것이다.

빅데이터 시대인 지금은 다양한 데이터를 저비용으로 취득할 수 있고 그 정밀도도 높아지고 있다. 여러 가지 디바이스와 센서의 '정보'를 보충하면 '개체'의 행동을 예측할 수 있으며 '데이터가 말하는 시대'가 된 것이다.

흥미로운 데이터 조합을 발견한다

데이터가 말하도록 하기 위한 포인트는 '어느 데이터와 어느 데이터를 조합할 것인가?'에 있다. 데이터의 조합의 묘에 힌트가 숨겨져 있는 것이다.

데이터의 조합은 크게 2가지로 나뉜다. 첫 번째는 자사 내의 관련 데이터를 조합하는 경우이다. 예를 들어 고객 속성 데이터, 구매 데이터, 상품 마스터 데이터의 조합이다. 여기에 덧붙여 자사의 광고 게재 등의 실행 방안 데이터의 조합도 유효하다.

도표 2.1과 같이 고객 속성 데이터와 구매 데이터는 ID(식별 부호)에 따라, 구매 데이터와 상품 마스터 데이터는 상품 코드에 따라 분류할 수 있다. 이상 3개의 데이터를 연결하면 예를 들어 식료품점에서 '오전에는 중·노년층이 많이 방문하여 신선한 야채를 구입하는 경향이 있다', '술은 금요일부터 주말동안 판매가 급승하는데 그 요인은 남성 고객의 방문이다' 등의 가시화가 가능하다.

미리 설정한 가설로부터 조합을 떠올리는 경우도 있다. '전체 방문객

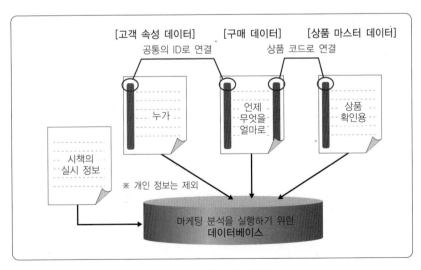

도표 2.1 자사 내 데이터를 통합하는 예

수를 끌어올리기 위해서는 특정 상품이 효과가 있을 것이다'라는 가설이 있다고 가정하자.

이 경우 방문 횟수별 데이터 항목과 구매 상품 데이터 항목을 조합하게 된다. 방문 횟수가 많은 고객을 모집단으로 보고 데이터를 분석하여 그들이 꾸준히 구입하는 상품을 선정한다. 만약 방문 횟수에 영향을 주는 상품을 골라낼 수 있으면 그 상품을 방문 횟수가 적은 고객에게 구매하도록 유도함으로써 목표를 달성할 수 있을지도 모른다.

외부 데이터를 보완해 새로운 시사점을 찾아낸다

또 하나는 자사 내 데이터와 외부 데이터를 조합하는 방법이다. 여러 가지 외부 데이터 중에서 자사와 관련이 있을 듯한 데이터 혹은 자사에 부족한 데이터를 찾아내 관련성을 검증한다.

외부 데이터의 경우 전술한 것과 같이 고객 ID와 연결하기는 어렵다. 그러나 날짜라는 시간 축과 시군구의 개념을 연결시키는 것은 가능하다. 같은 날에 무슨 일이 일어났는지, 같은 장소에 무엇이 있었는지 등을 살펴볼 수 있다.

그러면 어떤 외부 데이터가 유효한지 구체적인 예를 들어보자.

● 소셜 데이터

트위터, 블로그 등과 같이 소비자가 투고하는 '코멘트' 데이터이다. 이러한 데이터에서는 상품명이나 사용 후기 등 자사의 상품 서비스에 관련된 키워드가 포함된 코멘트의 양과 질적인 내용을 파악할 수 있다. 자사의 판매 경향이나 광고 활동을 소셜 데이터와 연계함으로써 상품에 대한 반응을 확인할 수 있다.

● POS 데이터·ID-POS 데이터

슈퍼, 편의점, 잡화점 등의 유통업자가 축적한 매출 데이터이다. 그 중에서도 포인트 프로그램 등의 FSP(Frequent Shopper's Program)를

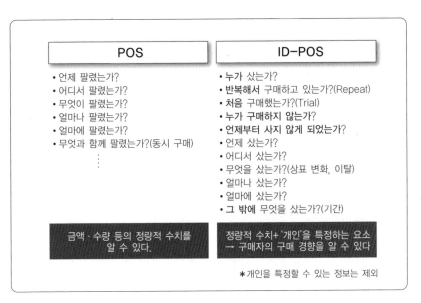

도표 2.2 POS와 ID-POS의 분석 관점의 차이

도입한 사업자의 경우 개인 단위로 '구입 성향'을 파악할 수 있어 데이터의 이용가치가 높다. '개인'을 특정할 수 있는 매출 데이터는 ID-POS 데이터라고 불린다. ID-POS 데이터와 POS 데이터의 차이점을 도표 2.2에서 확인할 수 있다.

ID-POS 데이터의 경우 개인별 구매 이력을 추적할 수 있어 연속 구매, 구매 빈도, 상품 편성, 구매 변화 등의 다양한 행동 유형을 파악할 수 있다. 자세한 설명은 제5장의 '고객 창출 능력 10가지의 발견'을 살펴보기 바란다.

● 오픈 데이터

불특정 다수에게 공개되는 데이터로 무료와 유료가 있다. 유효성 높은 데이터는 인구 조사와 날씨 데이터이다.

인구 조사는 주소지별로 거주자의 성별·연령대·취업 여부·연수입·거주 형태 등을 데이터화하고 있다. 예를 들어 자사의 점포 거점 주변에

'아이가 많은지', '취업자는 많은지', '평균 연봉은 높은지 낮은지' 등의 경향을 파악할 수 있다. 자사에서 보유하고 있는 지역별 구매 데이터와 연계하면 특정 상품의 매출이 높아진 요인을 규명할 수도 있다.

그 밖에 자동차와 관련하여 지역별 자동차 보유 상황을 알 수 있는 자동차검사등록정보협회의 데이터도 유용하다.

● 가계부 애플리케이션 데이터

영수증을 카메라로 촬영하면 자동으로 가계부가 정리되는 스마트폰용 애플리케이션이 있다. 이러한 가계부 애플리케이션을 만드는 회사는 이용자의 속성 데이터나 구매 데이터를 외부에 제공하는 경우가 많다.

대표적인 것이 브레인패드사가 제공하고 있는 'ReceReco(레시레코)'이다. 이 애플리케이션은 다운로드 수가 150만 건을 넘을 정도로 많은 사람이 매일 가계부로 이용하고 있다. 개인을 특정할 수 있는 정보와 프라이버시상 공개할 수 없는 구매 내역을 제외하는 것을 전제로 데이터를 취득할 수 있다. 이 데이터를 활용하면 점포나 업종간의 장벽을 넘어서 구매 경향을 알 수 있다.

● 레스토랑 주문 데이터

술집이나 레스토랑에서 점원이 주문 접수 시 사용하는 단말기로부터 취득되는 데이터이다. 대기업인 세이코 솔루션즈와 하쿠호도 프로덕트가 공동으로 이러한 데이터의 제공 및 분석 서비스를 제공하고 있다. 테이블 단위의 속성, 주문 내용, 시간대 등의 데이터를 취득할 수 있다. 주문의 조합 경향, 음식과 음료의 관계성, 1회 식사 동안의 주류 주문 변화(맥주 ⇒ 알코올 섞인 청량 음료⇒ 일본 전통주) 등을 가시화할 수 있는 데이터이다.

● 매장 내 관찰 데이터

전국의 슈퍼마켓, 잡화점, 편의점을 돌며 매력적인 매장을 만들기 위해 노력하는 '상품 담당 책임자(merchandiser)'와 매장에서 시식 등의 추천 판매를 담당하는 '선전 판매원(demonstrator)'으로부터 매일 보고되는 매장의 모습을 데이터화한 것이다. 하쿠호도 프로덕트의 매장 프로모션 사업본부가 비즈니스화를 목표로 하여 데이터를 축적하고 있다.

매장을 둘러보는 고객에 대하여 추정되는 라이프 스타일 이미지를 부여하고 라이프 스타일에 따른 상품의 선택 방법, 바스켓 인 비율(쇼핑 바구니에 넣는 비율) 등을 파악한다. 그밖에 POP(매장 판촉)의 설치율 데이터도 제공한다. 기업 측에서는 자사의 출하 동향과 이러한 매장 내 관찰 데이터를 조합하여 고매출 점포와 저매출 점포에 대한 원인 파악에 유용하게 사용할 수 있다.

● TV 프로그램 정보 데이터

생중계나 뉴스 속보를 포함한 텔레비전의 모든 방송 성보가 텍스드 데이터화되고 있다. 그 대표적인 예로 M데이터의 서비스가 있다. 이바라키현에 있는 M데이터 본사에서는 많은 여성 스태프가 교대제로 24시간 365일 텔레비전을 계속해서 보고 있다. 프로그램 내용, 출연자, 등장 상품, 상품의 코멘트 등을 끊임없이 입력하여 데이터화하고 있다. 최단 1~2시간 전에 방송된 정보가 데이터화되어 검색 가능한 상태가 된다. 재미있는 점은 텔레비전 방송국도 동사에서 데이터를 구입한다는 것이다.

이와 같은 외부 데이터는 극히 적은 일례에 불과하다. 외부 데이터를 활용하면 마케팅 과제를 해결할 수 있는 시사점을 효율적으로 얻을 수 있다. 자사의 보유 데이터와 대조해 보고 어떤 시사점을 발견할 수 있을지 고민해 보기 바란다. 이런 관점에서 생각해 보는 것만으로도 가설의 질이 향상될 것이다.

그 상품은 왜 팔렸을까?

　여러 개의 데이터를 조합한 데이터 분석으로 흥미로운 '발견'을 했던 사례를 소개한다. 여기 등장하는 사례에는 주로 소셜 데이터, TV 프로그램 정보 데이터, ID-POS 데이터 등을 조합했다.

　이하의 사례 중 '고등어 통조림'과 '먹는 고추기름'은 대기업인 미츠비시식품 마케팅본부 전략연구소, 앞에 언급한 M데이터, 소셜 데이터를 보유하고 분석 컨설팅을 실시하는 솔리드 인텔리전스가 공동 연구를 통해 얻은 발견이다.

그 여름, 고등어 통조림은 어떻게 히트상품이 되었을까

　2013년 여름, 갑자기 고등어 통조림이 메가 히트 상품이 되었다. 기억하고 있는 분도 있겠지만, 맨 처음 계기는 7월 30일에 TV아사히 계열에서 방영된 TV 프로그램 '타케시의 건강 엔터테인먼트! 여러분의 가정 의학 새 발견! 날씬해지는 호르몬으로 만병의 원흉인【비만】해소 스페셜 프로젝트!'에서 소개된 일이었다.

　이 프로그램에서 '고등어를 물에서 조린 저염도 통조림'이 다이어트 효과가 있다고 소개된 것을 계기로 방송 중에 블로그와 트위터에서 고등어 통조림에 관련된 코멘트가 급증하기 시작하여 정보가 크게 확산되었다.

　일련의 현상과 궤를 같이 하여 고등어 통조림의 매출이 늘어나더니 방송된 주와 그 다음 주의 매출이 전년 대비 약 4배를 기록한 것을 POS 데이터를 통해 확인할 수 있다(도표 2.3).

트위터와 블로그의 다른 경향

어째서 고등어 통조림이 대히트를 기록했을까? 그 이유를 살펴보자. 먼저 소셜 데이터의 트랜드를 검증한다.

8월 6일에는 제2의 물결이라 할 수 있는 구매자 수와 웹 포스팅 수가 늘어나고 있다. 같은 날 저녁 인터넷 뉴스 사이트에서 TV 프로그램이 계기가 되어 고등어 통조림이 품절되는 상황이 소개되었고, 그에 호응하듯이 매출이 상승했다. 저녁 뉴스에서 정보를 취득한 후 슈퍼마켓으로 발걸음을 옮긴 것이다.

제3의 물결은 8월 28일이다. 그런데 이 때는 웹 포스팅 등의 반응은 볼 수 없다. 제3의 물결에서는 어떤 일이 있어났을까? 전 날인 8월 27일에

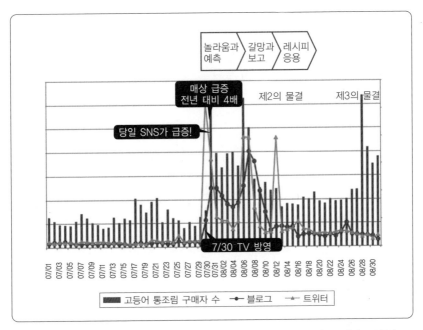

도표 2.3 고등어 통조림에 관한 웹 포스팅 건수와 구매자 수의 추이(2013/7/1~8/31)

역시 동일한 TV 프로그램에서 방송되었는데, 다이어트가 아니고 등 푸른 생선은 '심장병'에 좋다는 내용 중에 고등어가 등장했다. 방송이 밤 8시였기에 다음 날부터 매출이 일어났다고 추측할 수 있다.

제3의 물결은 왜 트위터의 코멘트가 없었던 것일까? 아마도 '심장병'이 테마였기 때문일 것이다. 소셜미디어의 주 이용자 층인 젊은 세대로서는 관심이 없는 주제였기 때문에 블로그나 트위터 등에서 정보 확산이 없었다고 생각할 수 있다.

'제2의 물결'은 블로그가 일으켰다

도표 2.3과 같이 트위터와 블로그의 움직임을 나누어 보자. 제1의 물결인 7월 말 트위터는 TV로 방영된 당일 급상승했고 블로그는 다음 날 상승했다. 순산적·충동적인 글쓰기 특성을 가진 트위터와 일정량의 문장을 기술하는 블로그의 차이로 여겨진다. 흥미로운 것은 제2의 물결 때다. 트위터는 제1의 물결만큼은 아니지만, 블로그는 크게 상승하고 있다. 블로그의 경우 인터넷 정보가 글쓰기로 쉽게 연결되는 것 같다.

이번에는 코멘트의 내용에 주목해 보자. 단기간에 확산되는 사이 코멘트 내용의 변화를 엿볼 수 있다.

첫 급등 시점에는 '다이어트에 효과가 있는 것 같다!', '대단해! 내일부터 매장에서 물건이 사라질 것 같아.', '고등어 통조림을 먹으면 날씬해진다고?' 등과 같이 많은 이용자가 충동적인 놀라움을 나타내는 반응이 많으며 앞다퉈 향후의 판매 증가를 예측하고 있다.

다음 타이밍에는 '나도 먹어보고 싶다!', '방송을 보자마자 먹어봤다.', '가게에 가보니 고등어 통조림이 다 팔렸다.' 등과 같이 자신이 먹어 보고 싶다는 욕구와 '매장에서 이미 품절!' 혹은 '먹어봤어요!'와 같이 마치 누군가에게 보고하는 듯한 내용이 서서히 눈에 띄기 시작한다.

좀 더 시간이 지나면 '이런 식으로 토핑하면 맛있어요.', '인터넷에 고등어 통조림을 이용한 메뉴가 가득하다.' 등과 같이 고등어 통조림을 요리에 활용하는 레시피와 아이디어 등을 볼 수 있게 된다.

　정리해 보면 '놀라움과 예측⇒갈망과 보고⇒레시피 응용' 순으로 코
멘트 내용이 변화했다. 시간이 지나면서 정보가 확산됨과 동시에 코멘트
의 질이 변했음을 확인할 수 있다. 참고로 텔레비전에서 다룬 것은 고등
어를 '물에 조린 것'이었다. 상품의 상세 랭킹을 POS 데이터에서 검증하
면 상위에 오른 것 중 대부분은 '물에 조린 것'이 차지했다. 그런데 품절
이 속출해서인지 '된장에 조린 것'이 함께 상승하기도 했다.

연령별 변화를 살펴보면

　ID-POS 데이터를 이용해 구매자의 속성을 파악해 보자. 붐 전후의 변
화 정도를 살펴보면 20대 여성의 변화가 가장 커 3배가 넘는다. 그 다음
은 40대·50대 여성이 약 2.6배, 세번째로 60대 여성이 약 2.3배로 이어

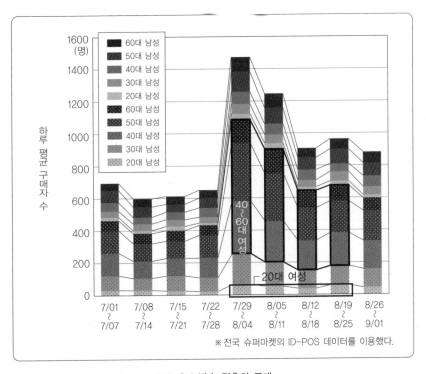

도표 2.4 방송 전후의 구매

진다. 20대 여성은 '다이어트'라는 단어, TV 프로그램, SNS 등의 영향을 많이 받는 세대인 것으로 추측된다.

참고로 TV 프로그램의 내용을 확인해 보면 40~60대 여성이 4명 출연해 체험담을 말했다. 40~60대 여성의 변화 정도가 큰 것은 원래 슈퍼마켓의 주 고객층인 이유도 있겠지만 TV프로그램에서 체험담을 말한 세대가 자신과 비슷하기 때문에 받아들이기 쉬웠을 것이라는 가설도 세울 수 있다.

도표 2.4를 살펴보자. 붐을 맞이한 첫 주와 넷째 주를 보면 40~60대 여성의 수가 일제히 급감하고 있다. 한편 30대 여성은 첫 주의 40%, 20대 여성은 첫 주의 15%가 각각 감소되어 추이가 크게 다르다.

왜 20대 여성은 구매 경향이 지속된 것일까? 아마도 이들이 SNS의 영향을 가장 많이 받기 때문일 것이다. TV 프로그램을 계기로 한 코멘트가 날이 갈수록 확산되어 SNS를 즐기는 20대 여성이 정보를 얻을 기회가 많았을 것이라 추측할 수 있다. 20대의 90%가 스마트폰으로 SNS를 이용하고, 50~60대가 되면 50% 정도라는 조사 결과로부터도 추정할 수 있는 사실이다(출처 : '전국 스마트폰 이용자 1000인 정기조사(2013)' 하쿠호도 DY그룹 스마트 디바이스 비즈니스 센터).

하나 덧붙이자면 도표 2.4의 성·연령대별 구매 인원 수 추이에 대한 검증은 '그 차이에 의미가 있는 것인지 우연인지'를 정확히 판단하기 위해 기계적인 유의차 검증을 실시했다. '차이'라고 하기 모호한 경우에 유효한 작업이다.

분석으로 얻은 식견을 다음에 활용한다

이러한 경향을 알고 식견을 갖게 되면 다음에 활용할 수 있다. 이 사례와 같이 특정 상품이 TV 프로그램에서 소개된 직후 '놀라움과 예측'이 포함된 코멘트가 일정한 수를 넘었다고 하자. 이 경우 그것은 히트 상품이 될 가능성이 높다.

만약 이것을 실시간으로 파악할 수 있는 체계를 갖춘다면 적어도 물량 부족으로 인한 판매 기회의 상실은 방지할 수 있다. 코멘트 내용의 변화도 매장 내의 POP 메시지에 응용할 수 있을 것이다.

폭설과 '찰떡아이스'의 관계

"지난번 도쿄의 폭설은 대단했어요. 그 영향으로 롯데의 '찰떡아이스[5]'가 많이 팔렸다는 소문이 있더라고요." 어떤 모임에서 미쓰비시식품 마케팅본부 고객마케팅그룹 기획겸 전략연구소의 오쿠다 아키히로씨의 한 마디에 큰 흥미를 느꼈다. 실제로 2014년 2월 7~9일과 14~16일에 2주 연속으로 관동지역에는 기록적인 폭설이 내렸다. 날씨 데이터를 확인해보니 2월 8일은 도쿄 도심에 45년 만에 27cm, 15일도 27cm의 적설량을 보였다. 코후시에서는 관측 사상 최고 기록이 경신되었다. 거리 곳곳에 눈사람과 작은 카마구라[6]가 출현했던 기억이 새롭다.

찰떡아이스는 폭설이 내린 날의 눈사람이나 카마쿠라와 질 어울린다. 익히 알고 있는 2개들이 세트는 예년 9월부터 4월까지 팔리는 겨울 아이스크림이라고 유통 관계자에게 들었다. 연중에는 상자에 들어 있는 '미니 찰떡아이스(9개들이)'가 판매된다.

소셜 데이터를 살펴보자(도표 2.5). 그래프는 찰떡아이스가 포함된 코멘트 건수의 추이를 나타낸다. 급속한 상승세를 보이는 2월 8일은 처음으로 폭설이 내린 날이다. 많은 사람이 찰떡아이스를 '폭설'과 연관지어 글을 올리고 있다. 특히 눈에 띄는 것이 '눈 오는 날에' '먹는다/먹었다/샀다', '먹고 싶다/사고 싶다' 등의 코멘트이다. 이러한 말은 평소보다 2~4배 정도 급증했다.

두 번째 폭설에는 코멘트가 상승하지 않아

또 하나 주목해야 할 것은 두 번째 폭설 시에는 코멘트가 상승하지 않았다는 점이다. 추측이지만 시류에 따른 코멘트는 정보의 신선도가 중요

*****
5 역주 : 한국의 찰떡아이스가 일본 롯데에 의해 '눈 구경 찹쌀떡'이라는 이름으로 판매됨.
6 역주 : 일본식의 눈으로 만든 집. 이글루

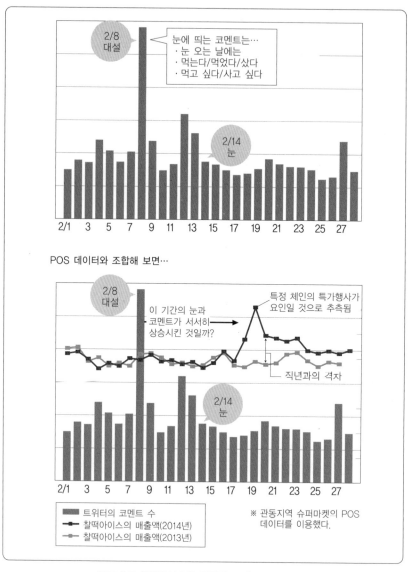

도표 2.5 찰떡아이스와 관련된 코멘트 수의 추이

하다. 갑자기 벌어진 사태에 대해서는 충동적으로 코멘트를 달지만, 두 번째는 '사전에 폭설을 어느 정도 예상할 수 있었고, 한 번 코멘트를 남긴 사람은 같은 소재로 웹 포스팅을 하지 않았다'라고 생각할 수 있다.

계속해서 관동지역 슈퍼마켓의 POS 데이터를 조합해보자. 검증 대상 상품은 찰떡아이스 2개들이 세트로 정했다. 전년인 2013년 2월과 대상인 2014년 2월의 날짜별 추이와 코멘트 양을 조합하여 분석을 시도했지만, 전술한 고등어 통조림의 예와 달리 코멘트 직후에 POS 데이터가 변화하는 경향은 없었다.

눈이 내리는 동안 또는 직후에는 외출이나 쇼핑도 마음대로 할 수 없었기 때문이 아닐까? 혹시 물류에도 영향을 미쳐 출하량을 즉시 늘리지 못한 탓일지도 모른다.

폭설이 온 날 이후에 2개들이 타입의 매출이 전년에 비해 상승하고 있는 것을 확인할 수 있다. 폭설로 많은 사람들이 찰떡아이스를 떠올린 반면 매장에서의 실제 영향은 좀 늦게 나타났다. 첫 번째 폭설에 의한 코멘트 급증과 뒤늦게 나타난 POS의 움직임. 데이터를 심도 있게 검토하면 어떤 관련성을 찾아낼 수 있을 것 같다.

고추기름의 최근 동향을 살펴본다

2009년에 공전의 히트를 기록한 '먹는 고추기름'의 붐은 아직도 기억에 생생하다. 도표 2.6을 보면 발매기, 절정기(붐), 감소기, 정착기의 궤적을 확인할 수 있다. 약 1년에 걸쳐 진행된 후 정착기의 매출은 더 이상 하락하지 않았다.

그래프의 특징을 좀 더 살펴보면 2011년 이후 매년 7월에 매출이 상승하고 있다. 과연 7월과 고추기름은 어떤 관계가 있는 것일까?

7월에 주목받는 「기무라군」

먹는 고추기름에 관련된 코멘트 랭킹을 '6월까지', '7월 중', '8월 이후'로 나누어 보면 7월 중에만 '야끼소바', '소면', '튀김 혹은 국수용 간장' 등의 '면'과 관련된 단어가 함께 언급되고 있는 것을 볼 수 있다(도표 2.7). 여기에는 무언가 의미가 있을 것이다.

그래서 관련 키워드로 인터넷을 검색해 보았다. 그러자 '기무라군'이라

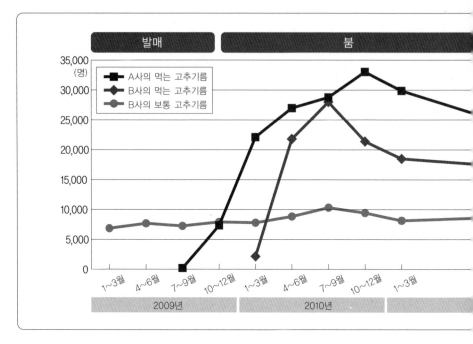

도표 2.6 먹는 고추기름의 구매자 수(3개월 단위)의 추이

는 키워드의 사이트를 몇 개 발견했다. 조사해 보니 김치와 먹는 고추기름을 이용해 맛을 낸 우동 등의 메뉴임을 알게 되었다. 2011년 오사카에 있는 우동전문점인 '대나무솥 우동'의 본점이 이 메뉴를 개발하여 '기무라군, 판매 시작합니다.'라는 포스터까지 만들어 관서지역을 중심으로 확산되었다.

도표 2.6을 다시 보면 7월에 피크가 되는 현상은 2011년으로, 이 메뉴의 등장 시기와 일치한다.

이것을 증명하기 위해 7월의 코멘트를 조사하여 기무라군과 관련된 데이터를 찾아냈다. '오사카에서 맛있었던 음식은 우연히 들어간 가게에서 맛본 기무라였어요.', '덥네요. 이런 날은 김치에 고추기름을 토핑한 기무라를 추천합니다.'와 같은 '갈망과 보고' 계열의 코멘트 내용을 많이 볼 수 있어 역시 관련성이 높다는 것을 알 수 있었다.

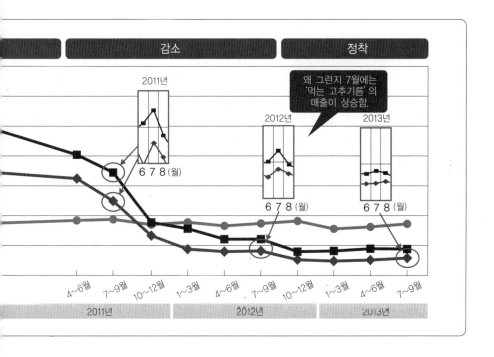

감소 | 정착

2011년

왜 그런지 7월에는
'먹는 고추기름'의
매출이 상승함.

2012년   2013년

6 7 8 (월)

6 7 8 (월)   6 7 8 (월)

4~6월 7~9월 10~12월 1~3월 4~6월 7~9월 10~12월 1~3월 4~6월 7~9월

2011년   2012년   2013년

텔레비전 CM이 매출에 미치는 영향력은?

텔레비전 CM은 점포의 매출에 얼마나 영향을 주고 있을까? 광고 매체
로서 텔레비전을 선택하는 주된 이유는 신상품이나 캠페인을 많은 사람
에게 알리기 위해서이다. 그러나 상품 구매자나 캠페인 이용자가 실제로
매장에 가기 전까지는 다양한 정보를 접하기 때문에 텔레비전 CM이 직
접적으로 얼마나 영향을 주고 있는지를 평가하기란 어려운 일이다.

텔레비전 CM의 효과를 측정할 수 있는 경우도 있다. 그 전형적인 예가
통신판매로 대표되는 다이렉트 마케팅이다. 통신판매의 경우 텔레비전
CM을 통해 직접 주문을 받기 때문에 매출에 미치는 영향을 정확히 파악
할 수 있다. 그밖에 CM에 등장하는 상품이나 대사 등이 큰 화제로 떠오
른 경우에는 방송 전후에 CM 관련 키워드의 인용도를 트위터 등에서 확
인함으로써 평가할 수 있다. 방송 전후 POS 데이터의 추이도 검증에 사

용할 수 있다.

상품의 종류에 따라 텔레비전 CM의 영향을 평가하기 쉬운 경우와 어려운 경우가 있다. 기호성이 강하고 단가가 저렴한 식품 등은 상관성을 파악하기 쉬운 편이다.

한편 일반 생활용품 등 가정 내 재고가 떨어지고 나서 구매하는 상품이나 고액이어서 구매 실행에 이르는 기간이 긴 상품(자동차, 보험, 가전)은 텔레비전 CM의 빈도와 구매 데이터의 상관성을 찾는 것이 용이하지 않다. 이 경우에는 '구매 시기(수요)'가 도래했을 때 자사의 브랜드를 떠올리게 하는 것이 중요한 미션이 된다.

식품을 대상으로 텔레비전 CM의 영향력을 조사한 연구도 있다. 유통경제연구소 객원 연구원이자 요코하마국립대학 준교수인 츠루미 히로유키씨는 텔레비전 CM과 소셜 미디어를 조합하여 매출에 얼마나 영향을 끼쳤는지를 연구했다.

이 조사는 '패스 해석'이라는 분석법에 따라 '텔레비전 CM의 빈도와 코멘트', '텔레비전 CM의 빈도와 매출', '코멘트와 매출'의 연관성을 수치화한 것이다. 코멘트에 관해서는 '매출⇒코멘트', '코멘트⇒매출'의 쌍

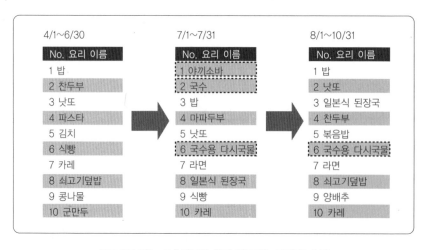

도표 2.7 먹는 고추기름와 함께 언급되는 단어의 추이

방향을 분석하여 어떤 것이 원인 혹은 결과인지에 대해서도 설명을 시도 하고 있다(도표 2.8).

패스 해석은 생각할 수 있는 여러 개의 인과관계를 중회귀 분석을 조합 하여 규명하는 방법이다. 간단히 말하자면 간접적인 효과를 추정하는 것 이다. '점수 PI'란 고객 1000명이 구매하는 상품이 몇 개나 포함되는지 를 나타낸 것으로 매출과 비례한다.

그 결과 텔레비전 CM이 POS 데이터에서의 매출에 미치는 직접적인 영향력은 비교적 약하다는 결론이 나왔다. 단, 텔레비전 CM의 내용과 SNS의 코멘트 양은 연계성이 강하다는 것을 알았다. 텔레비전 CM의 경 우 SNS의 코멘트 양이 많아질수록 점포의 매출에 크게 영향을 미친다는 것을 알 수 있다. 매출을 향상시키기 위해서는 상관성이 강한 SNS의 코 멘트 양을 늘리는 것을 염두에 둔 텔레비전 CM이나 광고 커뮤니케이션 이 요구되는 시대가 된 것이다.

단, 주의도 필요하다. 단순히 큰 화제를 만든다고 좋은 것도 아니다. 소 셜 데이터의 내용을 검증해 보면 화제의 질도 중요하다는 것을 알 수 있 다. 이것을 입증하기 위해 한 식품 회사의 텔레비전 CM의 사례를 들고자

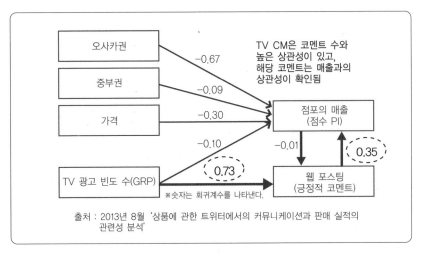

도표 2.8 패스 해석에 의한 상관성의 강도 검증

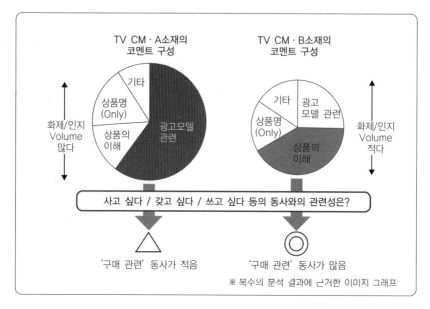

도표 2.9 코멘트의 내용과 구매의 연관성

한다.

해당 CM에 대한 수천 개의 코멘트 내용을 하나하나 체크하여 '상품 언급', '사용감 언급', '상품의 스펙 언급', 'CM의 기획 언급', '광고모델에 대한 반응'의 5개 유형으로 분리했다. 그러자 숫적으로는 '광고모델에 대한 반응', 'CM의 기획 언급'이라는 2개 항목에 대한 코멘트가 매우 많았다. 그 다음은 상품에 대한 흥미·이해에 관한 내용이었다.

구매로 연결되는 포인트를 조사하기 위해 '광고모델 관련 코멘트가 많이 포함된 그룹'과 '상품 관련 코멘트가 많이 포함된 그룹'으로 나누어 여러 가지 분석을 실시했다.

'사고 싶다 / 마음에 든다 / 갖고 싶다' 등의 동사와의 연결 강도를 가시화해 보니 광고모델 관련 코멘트가 포함된 그룹보다 상품 관련 코멘트가 많이 포함된 그룹 쪽이 판매와 연결성이 강하다는 것을 알았다(도표 2.9).

그렇다고 해서 광고모델이 출연하는 텔레비전 CM이 구매를 유발하지 않는다고 부정하는 것은 아니다. 많은 반응을 얻는 데는 성공했기 때문이다.

광고모델과 상품의 노출을 잘 조절하여 소비자로 하여금 광고모델과 상품 양쪽을 연동시켜 코멘트하게 하는데 성공한다면 '사고 싶다 / 마음에 든다 / 갖고 싶다'라는 트렌드를 조성, 매출로 연결시킬 수 있을 것이다.

2-4 ≫ 분석 작업 프로세스의 실체

데이터가 말하게 하는 분석 작업의 실제는 어떤 것일까? 여기서는 사례를 바탕으로 분석 작업의 흐름을 소개한다.

실제로 분석 작업을 할 때는 분석에 착수하기 전에 가설을 구축한 다음 ① 데이터 정비 ② 분석 방법 활용 ③ 분석 결과 해석의 3개 과정을 거친다. 모두에 언급했지만, 출발점은 '아마도 이런 이유가 있을 것이다.'라는 가설을 수립하는 것이다. 그리고 분석의 목적은 사전에 명확히 해둘 필요가 있다. 그런 다음 데이터의 준비 · 분석 작업 · 결과의 해석으로 이어진다.

앞으로 3가지 분석 사례를 소개할 것이다. 이 중 첫 번째와 세 번째 사례는 이 책을 집필하기 위해 수행했다.

'슈크림의 매출을 향상시키고 싶다'

사전에 가설을 만든다

슈크림 담당자가 매출을 늘릴 방안을 고심하고 있다고 가정하자. 우선 슈크림에는 어떤 '구매 방식'이 존재하는지 상상해 본다. 그러면 다음과 같은 가설을 세울 수 있다.

'구매자의 비율은 여성이 많겠지만, 요즘은 남성도 슈크림을 즐기는 구매자가 증가하고 있을 것이다. 따라서 일정수의 '슈크림 남자'가 존재할

것이다.'

'슈크림을 좋아하는 사람은 한 달에 여러 차례 구매할 것이다. 단, 주에 2회 이상 구매하는 사람은 그 수가 상당히 적을 것이다. 하지만 이 그룹의 특징을 알아내면 해당 고객층의 수를 늘려 매출을 성장시킬 수 있을 것이다.'

① 데이터를 정비한다

가설을 실증하기 위해서는 성별과 연령대별 구매 횟수의 파악이 필요하다. 즉 고객 ID와 구매 이력이 연계되어 있는 데이터가 필요하다. 그리고 케이크점, 카페, 슈퍼마켓, 편의점 등 업태를 구분한 구매 정보도 요구된다. 그래서 주목한 것이 데이터 분석 서비스로 잘 알려진 브레인패드가 제공하는 가계부 애플리케이션 '레시레코'이다. 이 애플리케이션의 다운로드 수는 현재 150만을 조과했으며 선국에 존재하는 사용사들은 배일 능동적으로 쇼핑 내용을 기록하고 있다.

이번에 브레인패드에서 이 책의 집필을 위해 분석용 데이터를 제공해 주었다. 이용자의 허락을 받은 후 집계하는 데이터로서 물론 개인을 특정할 수는 없다. 프라이버시 문제에 저촉될 우려가 있는 요소는 신중하게 제외되었다.

이 데이터에 더하여 '의외의 발견'을 기대하며 레시레코의 대상 시기와 같은 시기의 소셜 데이터와 TV 프로그램 정보 데이터를 조합하기로 했다. 구체적인 데이터의 사양은 다음과 같다. 대상 기간은 모두 2014년 4~6월의 3개월간이다.

- 구매 이력 데이터 : 가계부 애플리케이션 데이터
- 소셜 데이터 : 트위터나 블로그 등의 코멘트 데이터
- TV 프로그램 정보 데이터 : 대상 기간 중의 '특이한 움직임'에 따라 추출. '특이한 움직임'이란 갑자기 코멘트가 급증했거나 매출이 급증한 날의 동향을 가리키며 그 요인을 TV 프로그램에서 찾는다.

데이터를 입수했다고 분석에 즉각 착수할 수 있는 것은 아니다.

실은 이제부터가 큰일이다. 가공되지 않은 데이터를 주제에 따라 분석 작업을 할 수 있는 상태로 정비할 필요가 있다. 작업 시간상 80%를 차지한다고 해도 과언이 아니다. 데이터의 정비만 끝나면 분석 작업 및 결과의 아웃풋은 비교적 신속하게 진행된다.

이번 테마는 슈크림이다. 먼저 슈크림의 정의(≒범위)가 필요하다. '무엇을 슈크림이라고 할 것인가?', '초콜릿의 슈크림 맛은 포함할 것인가?', '에클레르는 슈크림으로 포함할 것인가?' 등의 데이터 선별 작업을 실시했다.

이러한 최초의 데이터 추출과 정의는 후속 작업에 영향을 미치기 때문에 신중한 판단이 필요하다. 게다가 이번에는 각 점포의 업태와 운영 회사가 다르기 때문에 각각의 슈크림의 명칭 또한 전혀 달랐다. 업태를 모두 묶을 수 있는 '슈크림 상품 마스터'의 작성이 필요한 시점이다.

매장의 업태도 분류할 필요가 있다. 이번 작업에서는 특히 편의점에서 판매하는 슈크림에 주목하고 싶었기 때문에 메이저 편의점 5개 업체를 하나로 묶고 슈퍼마켓과 케이크점 등은 '기타'로 분류했다.

② 분석 수법을 활용한다

이번 분석의 목적은 슈크림의 매출을 늘리기 위해 구매 잠재력이 높은 그룹을 찾는 것이다. 매출 향상에 무엇이 가장 기여하는지를 확인하기 위해 고객을 축으로 여러 가지 크로스 집계를 반복했다. 크로스 집계는 여러 개의 축을 곱하여 상관성을 검증하는 가장 기본적이고 자주 활용되는 수법이다.

실제 분석 항목의 일부를 소개한다('×'의 전후가 곱하는 내용이다).

성별이나 연령대와 매출 형태의 평가를 위한 크로스 집계를 실시했다.
• 성별과 연령대×슈크림 구매 개수
• 성별과 연령대×슈크림 구매 횟수

- 성별과 연령대×슈크림 구매 점포 수
- 성별과 연령대×점포 업태(편의점 5개사, 기타)

구매 행동을 살펴보기 위해 다음과 같은 크로스 집계도 실시했다.
- 슈크림 구매 개수(성·연령대)×평일·주말
- 슈크림 구매 개수(성·연령대)×시간대
- 슈크림 구매 개수(성·연령대)×점포 업태 비교

이러한 크로스 집계를 반복하여 특징을 알 수 있는 '차이'를 찾아내는 것이 중요하다. 흥미로운 차이에 대해서는 유의성도 체크하여 그 차이가 우연한 것인지 아니면 의미를 가진 차이인지를 확인한다.

③ 분석 결과를 해석한다
이번 데이터 분석에서 얻은 '발견'을 소개한다.

● 발견 1
평일은 점심시간대가 매출 피크이며 그 이후는 16시부터 증가하기 시작해 17~20시가 가장 슈크림이 많이 팔리는 시간대이다. 휴일은 피크가 1시간 정도 빠르다. 점심시간에는 여성의 구매가 두드러지고 저녁 이후에는 의외로 남성의 구매도 눈에 띄게 늘어난다. 퇴근길에 단것을 먹고 싶어지기 때문일 것이다.

'니케이 빅데이터' 2014년 8월호에 눈길을 끄는 기사가 있다. 전철역 안에 있는 자동판매기를 공급하는 JR동일본워터비즈니스는 대형 터치 화면을 구비한 차세대 자동판매기의 고객층을 분석했다. 그에 따르면 저녁에 단 음료를 구입하는 것은 여성보다 남성 쪽이 많다고 한다. 게다가 30~40대이다. 슈크림의 구매 경향과 비슷하다.

● 발견 2

남녀별로 슈크림의 구매 비율을 비교하면 남성이 적다. 남성 중에서 슈크림을 가장 많이 사는 것은 40대였다. 여성은 30대, 20대의 순서로 구입했다.

● 발견 3

1개월간 구매 횟수의 구성을 보면 여성은 '1회 정도', 남성은 '4회 이상'의 비율이 높다(도표 2.10). 남성은 1개월간 슈크림을 구매하는 횟수가 비교적 많은데, 특히 40대 남성에게 이러한 경향이 있다.

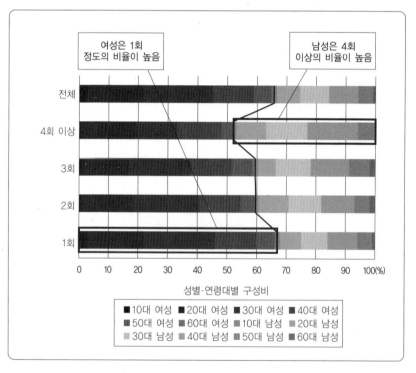

도표 2.10 1개월간 슈크림을 구매한 횟수별×성별·연령대별 구성비

● 발견 4

여성은 슈크림을 편의점이나 그 이외의 매장에서도 잘 구매하지만, 남성은 편의점에서 집중적으로 구매한다. 남성은 런치와 함께 구매하거나 퇴근길에 단 것이 당길 때 편의점에서 구매하는 경우가 많은 것 같다.

이러한 발견에 근거하여 처음 목적인 '슈크림의 매출을 향상시킨다'는 관점에서 데이터 분석 결과에 대한 해석을 시도했다. 먼저 '슈크림 남자'에 주목했다. 남성은 여성보다 구매하는 인원 수는 적지만, 구매 횟수가 많아 습관성이 높은 것 같다. 1인당 매출 공헌도가 높다. 만일 남성의 구매 인원 수를 여성만큼 끌어올릴 수 있다면 슈크림 전체의 매출을 향상시킬 수 있지 않을까?

가능하면 40대 남성을 메인 대상으로 하여 편의점에서의 구매를 촉진하고 싶다. 참고로 편의점에서 슈크림을 잘 구매하는 남성은 담배나 술의 구입 비율이 슈크림 비구매자에 비해 상대적으로 낮은 편이다. 간식류의 비율은 높다. 이런 특징을 가진 고객의 구매를 촉진시킬 만한 실행 방안의 설계가 필요하다. 저녁 때 매장의 공간을 확충하여 '남자는 묵묵히 슈크림'이라는 판촉 기획을 전개하는 것도 검토해 볼 수 있다.

코멘트와 POS 데이터를 조합한다

분석 과정에서 슈크림과 날짜별 코멘트 양의 추이를 살펴보다 흥미로운 사실을 알게 되었다(도표 2.11). 4월 중순과 하순의 특정 시기에 '슈크림'과 '세븐일레븐'이 동시에 등장하는 코멘트가 급증하고 있었다. 참고로 편의점 중에서는 세븐일레븐의 슈크림이 가장 잘 팔리는 인기 상품이었다.

코멘트의 내용을 분석해 보니 '우유 듬뿍 슈크림맛' 아이스크림이 세븐일레븐에서 한정 발매되었고 '당첨' 마크가 나오면 진짜 슈크림인 '우유 듬뿍 슈크림'까지 덤으로 주는 기획이 큰 화제가 되었던 것을 알 수 있었다.

4월 15일 언론에 발표되었고 실제 발매일은 22일이었다. 언론 발표 때

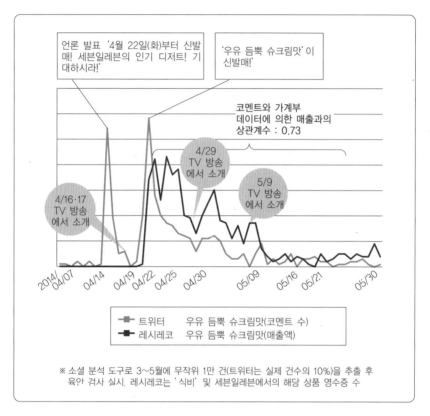

도표 2.11 코멘트와 해당 상품의 구매 동향

는 '놀라움'과 '기대'가 많이 언급되었고 발매일에는 '구매 보고'나 '맛에 대한 감상'이 많이 등장했다. 텔레비전 프로그램 정보 데이터를 살펴보니 언론 발표 직후에 TV에서 다루어진 것을 알 수 있었고, 이것이 22일에 코멘트의 피크를 한번 더 만드는데 공헌했다.

여기에 가계부 애플리케이션의 데이터를 조합해 보았다. 일별 코멘트 양과 발매 후 판매 횟수의 상관 분석을 실시했더니 상관계수가 0.73으로 강한 상관성을 보였다. 언론 발표와 TV 프로그램을 계기로 정보가 확산되어 그 결과 세븐일레븐에서의 구매로 연결되었음을 알 수 있다.

상관계수란 2개의 다른 데이터간의 관련성의 정도를 나타내는 수치이다. 일반적으로 '0.0~0.2 : 거의 상관이 없다', '0.2~0.4 : 약간 상관이 있다', '0.4~0.7 : 상관이 있다', '0.7~0.9 : 강한 상관이 있다', '0.9~ 1.0 : 매우 강한 상관이 있다'로 해석된다.

인터넷 서비스의 회원을 늘리고 싶다!

다음은 소매업의 사례이다. 지역에서 제일 큰 슈퍼마켓이 최근 인터넷 서비스(회원 전용 프로그램)의 제공을 시작하면서 등록 회원 수를 늘리는 것을 목표로 힌트를 얻기 위해 분석을 의뢰했다. 이미 매장용 적립 포인트 프로그램이 정착되어 있지만 고객과의 관계 강화를 위해 인터넷 서비스의 회원을 확충하는 것이 중요한 과제이다.

사전에 가설을 만든다

먼저 '어떤 사람이 인터넷 서비스의 회원이 되어 주는 것일까?'라는 가설을 세워 보았다.

- 기존 매장용 적립포인트 프로그램 회원 중 우량 고객층은 인터넷 서비스에도 등록할 것이다.
- 인터넷 이용이 수월한 젊은층은 등록률이 높을 것이다.
- 일이 바빠 평상시 방문이 어려운 회사원(남녀)은 대부분 가입할 가능성이 있다.

이번 과제는 등록 회원 수 향상을 위한 힌트를 명쾌하게 찾아내는 것이다. 등록을 하지 않을 비대상자와의 '차이'를 몇 가지 찾아내고 실행안으로 전환할 힌트를 얻기 위해서는 어느 것이 가장 영향력 있는 데이터 항목인지를 파악하는 것이 중요하다고 생각했다.

① 데이터를 정비한다

이번에는 자사 시책의 정밀도 향상이 목적이기 때문에 내부 보유 데이터가 중심이 된다. 구체적으로는 다음과 같은 데이터가 필요하다.

- 점포의 포인트 프로그램의 고객 ID 데이터
- 거기에 연계된 인터넷 서비스 회원의 ID 데이터
- 포인트 프로그램의 고객 ID별 구매 데이터
- 상품 마스터 데이터

점포의 구매 동향 파악을 중심으로 하여 이것을 어떻게 인터넷 서비스 회원과 관련지을 것인가가 포인트가 된다. 데이터 정비는 시간이 걸리는 작업이지만, 전술한 '슈크림 분석'에 비하면 사전의 셋업 시간은 짧았다. 업태가 하나인 만큼 상품 카테고리 분류의 마스터화를 신경 쓰지 않아도 되었기 때문이다. 이번 분석에서는 '우량 고객'은 쉽게 등록할 것이라는 가설이 있기 때문에 우량 고객에 대한 정의가 필요했다. 주 2회 이상 내점하고 1회당 구매 금액이 평균보다 높은 층을 우량 고객으로 정의했다.

② 분석 수법을 활용한다
이 사례에서는 '인터넷 서비스에 등록한 고객 그룹'과 '인터넷 서비스에 등록하지 않은 고객 그룹'을 비교하고 구매 행동에 어떤 '차이'가 있는지를 검증하는 것부터 시작했다.
역시 크로스 집계 분석이 중심이 된다. 여기에 성별·연령대·직업·구매 점포 등의 항목 중 무엇이 인터넷 서비스 등록에 가장 공헌하고 있는지를 로지스틱 회귀 분석으로 규명했다.

③ 분석 결과를 해석한다
이러한 분석에 의한 결과에서 다음과 같은 '발견'을 했다.

● 발견 1
인터넷 서비스에 등록할 가능성이 높은 고객은 다음과 같은 특징을 가진다.
- 구매 빈도가 높고 누계 구매 금액이 많은 층, 즉 우량 고객일수록 인

터넷 서비스에 등록하는 경향이 있다.

• 중·노년층은 인터넷 서비스를 잘 이용하지 않는다.

• 등록한 비율이 높은 직업은 사전의 가설과 달리 주부였다. 평상시 점포에 좀처럼 올 수 없는 그룹이 아니라 가장 자주 활용하는 고객

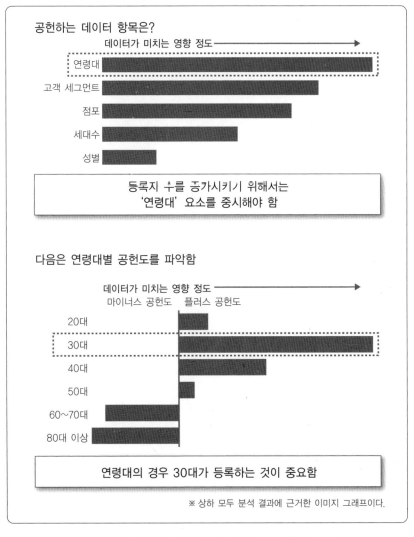

도표 2.12 인터넷 서비스의 회원 등록에 영향을 주는 데이터

이 등록한다는 것을 알았다.

● 발견 2

등록 회원 수의 향상을 위해 가장 중시해야 할 층은 '30대'이다. 분석 결과 등록에 가장 큰 영향을 미치는 연령대임이 판명되었다(도표 2.12). 40대 이상이 되면 점점 등록을 유도하기 어려워진다. 점포의 특성도 영향을 미친다. 시내 중심부의 점포보다 교외에 위치한 점포의 고객 쪽이 인터넷 서비스에 등록하는 경향이 있었다.

따라서 '30대까지의 주부'에 대해 중점적으로 가입 권유를 하는 것이 중요하다고 판단했다. 구체적으로는 우량 고객으로 타깃을 좁힌 다이렉트 메일 등이 유효할 것이다. 또한 점포에서도 젊은 주부를 염두에 둔 등록 권유 캠페인 등을 실시하는 것이 효과적이다. 특히 등록률이 높은 점포에서 추진해야 한다.

선술집의 고객 단가를 올리려면?

다음은 취향을 바꿔 선술집으로 장소를 옮겨보자. 세이코 솔루션즈와 하쿠호도 프로덕트는 술집에서의 주문 데이터를 마케팅 서비스에 활용하는 도전을 추진하고 있다. 이번에 본 서적의 집필을 위해 유명한 선술집 체인의 협력을 받아 영업 데이터의 분석을 실시했다.

사전에 가설을 만든다

여기서도 데이터를 보기 전에 가설을 열거해 보자. 구체적으로는 다음과 같은 가설이 올라왔다.

- 한 테이블당 인원 수가 고객 단가에 영향을 미칠 것이다.
- 매장에 머무는 시간에 관계없이 최초 주문 시각은 고객 단가에 영향을 미칠 것이다. 21시가 지나면 2차로 오는 고객도 증가할 것이므로 양이 많거나 칼로리가 높은 안주의 주문은 줄어드는 경향이 있을 것

이다. 입점 시각이 빠를수록 공복을 빨리 채우고 싶은 마음에 '무심코 넉넉하게 주문'하지 않을까?

• 고객 단가가 평균보다 높은 그룹의 주문에는 친숙한 음식 메뉴가 포함될 것이다.

① 데이터를 정비한다

이번에는 선술집의 주문 데이터를 이용한다. 주문 입력용 단말기(Ordering System)에는 입점부터 퇴점까지 테이블 단위의 주문 데이터가 축적되어 있다. 테이블 단위의 인원 수 외에도 남성끼리·여성끼리·남녀 혼성·가족 등의 속성 정보를 주문 내용과 연계하는 것이 가능하다.

이번에는 번화가에 위치한 점포와 주택과 오피스가 혼재하는 역전 점포의 데이터를 사용하여 분석을 실시했다.

전술한 '슈크림 분석'과 같이 우선 데이터의 정비가 필요하다. 주문 메뉴를 어떻게 분류하면 분석 결과가 명쾌해질까? 이번에는 분석용 상품 마스터를 정비할 필요가 있었다.

맨 처음 한 일은 해당 점포에서 음식을 체험한 것이다. 점포에 실제로 방문하여 처음 알게 된 것도 적지 않았다. 입지나 방문 일시에 따라 다르지만, 이 선술집 체인에는 중·노년층이 많았다. 음식 메뉴는 저렴하고 종류가 많아 퇴근길에 한잔 하기 딱 좋은 선술집이다.

실제로 주문하면서 메뉴와 오늘의 추천 메뉴 등을 파악한 결과 식사류의 메뉴를 일반 안주, 샐러드, 고기, 회, 꼬치, 디저트 등의 9개 종류로, 주류는 맥주, 약알코올 청량음료, 칵테일, 와인, 일본주 등의 8개 종류로 분류했다.

② 분석 수법을 활용한다

고객 단가를 올리기 위한 힌트를 찾기 위해 테이블 인원 수, 내점 시각, 메뉴의 종류 등 다양한 데이터 항목에 대해 크로스 집계 분석을 반복하여 실시했다. 구체적으로 다음과 같은 집계였다.

테이블 인원 수와 주문 가격의 동향을 파악하기 위해 실시한 집계는 다음과 같았다.

- 테이블 속성별 인원 수×고객 단가
- 테이블 속성별 인원 수×음식 단가와 음식 비율
- 테이블 속성별 인원 수×주류 단가와 주류 비율
- 테이블 속성별 인원 수×맥주 단가와 맥주 비율

내점 시각 등 시간과 주문 가격의 동향을 파악하기 위해 크로스 집계를 실시했다.

- 내점 시각 혹은 머무는 시간×고객 단가
- 내점 시각 혹은 머무는 시간×음식 단가와 음식 비율
- 내점 시각 혹은 머무는 시간×주류 단가와 주류 비율
- 내점 시각 혹은 머무는 시간×맥주 단가와 맥주 비율

	조 수 (조)	인원수 계 (인)	총금액 (엔)	단가 (엔)	평균인원 수 (인)	
1명	117	117	271,760	2,323	1.0	
2명	588	1,176	3,454,499	2,937	2.0	
3명	251	753	2,239,816	2,975	3.0	
4명	168	672	1,997,647	2,973	4.0	
5명	99	495	1,324,447	2,676	5.0	
6명	88	528	1,478,019	2,799	6.0	
7~10명	124	996	2,725,773	2,737	8.0	
11명~	45	634	1,812,390	2,859	14.1	

2인조는 많이 먹는다.
3·4인조는 고객 단가가 높고 많이 마신다.
특히 4인이 되면 맥주를 잘 마신다.

도표 2.13 테이블당 인원 수별 주문 동향

30분 단위의 주문 금액을 '주문 농도'라는 개념으로 평가했다. 2시간에 1인당 3000엔을 이용하면 주문 농도는 750엔이다.

디저트와 칵테일의 주문 유무와 주문 가격의 관계를 파악하기 위해 다음과 같은 크로스 집계를 실시했다.
- 디저트와 칵테일의 주문 유무×고객 단가
- 디저트와 칵테일의 주문 유무×음식 단가와 음식 비율
- 디저트와 칵테일의 주문 유무×주류 단가와 주류 비율
- 디저트와 칵테일의 주문 유무×맥주 단가와 맥주 비율

그밖에 고객 단가에 대하여 각 메뉴의 종류가 어떻게 구성되어 있는지 그 내용을 확인하는 분석을 했다.

이러한 과정을 반복하여 특징을 느낄 수 있는 '차이'를 찾기로 했다. 기본적인 흐름은 전술한 슈크림의 분석과 동일하다.

	음식 단가 (엔)	주류 비율 (%)	주류 단가 (엔)	알코올 단가 (엔)	맥주 단가 (엔)	맥주 비율 (%)
	1,100	52.6	1,222	1,194	654	53.5
	1,517	48.4	1,420	1,358	622	43.8
	1,426	52.1	1,549	1,467	627	40.5
	1,390	53.3	1,583	1,479	692	43.7
	1,252	53.2	1,424	1,339	593	41.6
	1,371	51.0	1,429	1,316	621	43.5
	1,277	53.4	1,460	1,317	572	39.2
	1,275	55.4	1,584	1,467	702	44.3

③ 분석 결과를 해석한다

● 발견 1

1인당 고객 단가가 높은 것은 '3인조' '4인조' '2인조'라는 분석 결과가 나왔다(도표 2.13). 이것보다 인원 수가 많으면 200~300엔 정도 떨어진다. '1인조'는 600엔 이상 낮았다.

고객 단가에 포함된 음식 단가와 주류 단가를 보면 2인조는 잘 먹고 3인조와 4인조는 잘 마신다는 것을 알았다. 맥주를 주로 마시는 것은 4인조였다.

● 발견 2

방문 시각과의 관계는 어떨까? 18~19시까지 4인조 또는 5인조로 방문 시 1인당 고객 단가가 가장 높아진다(개점 시각이 16시인 점포의 경우).

한편 1시간 늦은 19~20시 사이에 입점하는 고객이 주류를 이루지만 1인당 고객 단가는 낮은 경향이 있다. 4인조는 약 500엔, 5인조는 약 800엔 정도 저하된다. 인원 수가 증가하는 만큼 한 접시를 나눠 먹기 때문일 것이다.

21시대 이후의 입점은 2차인 경우가 많고 밤도 늦어 가벼운 주문이 되는 것 같다. 1인당 고객 단가는 높지 않다. 다만 이번 분석은 특정 시기를 대상으로 했기 때문에 1년간 진행하여 계절성의 검증이 필요하다.

● 발견 3

30분 단위의 주문 금액인 '주문 농도'가 높은 때는 언제일까? 기본적으로는 체재 시간이 짧을수록 농도는 진하고 체재 시간이 길수록 농도가 약해지는 경향을 보인다. 18~19시에 입점하여 2시간 머무는 경우가 주문 농도가 비교적 높은 경향이 있다.

● 발견 4

꼬치나 회를 주문하고 맥주와 그 이외의 주류를 마시면 고객 단가가 상승하는 경향이 밝혀졌다(도표 2.14). 이들 요리를 세트 메뉴로 만들면 고객 단가를 향상시킬 수 있을지도 모른다.

● 발견 5

디저트나 단맛이 나는 칵테일의 주문이 포함되면 1인당 고객 단가가 높아지는 경향이 있다. 단, 맥주를 마시는 그룹은 상대적으로 디저트를 덜 주문한다.

이와 같이 확인된 사실을 통해 고객 단가를 올리기 위한 힌트를 얻을 수 있다. 구체적으로는 다음과 같다.

• 2~5인조 그룹이 19시까지 첫 주문을 한다.

• 가능하면 2시간은 머물도록 한다.

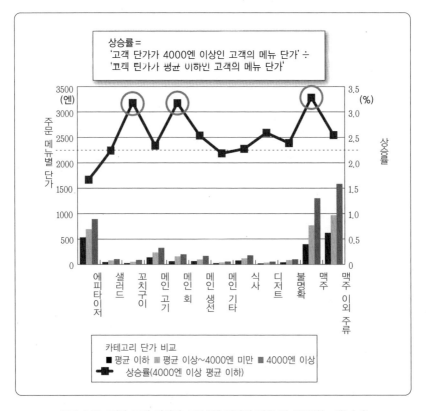

도표 2.14 1인당 고객 단가가 4000엔 이상인 경우 잘 주문하는 메뉴는?

- 꼬치나 회는 반드시 주문하도록 유도하고 맥주 이외의 주류를 많이 마시게 한다.
- 마지막에는 디저트도 주문하도록 유도한다.

선술집의 매출 향상 방안

선술집의 매출을 향상시키려면 데이터 분석에 의한 발견을 참고 삼아 어떻게 해야 할까?

발견 1에 있는 2~4인조 그룹의 내점 증가는 기회이므로 해당 그룹의 방문을 촉진하는 방안을 생각해 볼 수 있다. 예를 들어 친구나 동료와 함께 내점하는 그룹 전원에 대하여 '3인 할인' 혹은 '4인 할인'과 같은 쿠폰으로 다음 번에는 해당 인원 수로 방문하도록 유도할 수 있다.

발견 4에서처럼 메뉴의 구성 방법을 연구할 필요가 있다. 회 또는 꼬치는 가급적 주문에 포함되도록 메시지나 기획 아이디어를 짜보자. 착석과 동시에 '오늘의 추천 메뉴'가 회와 꼬치임을 알리는 문구나 점원의 안내가 필요하다.

발견 2와 발견 3에서 '18~19시까지 4~5인조로 입점시 1인당 고객 단가는 가장 높아진다'라는 결과가 나왔지만, 선술집은 퇴근길 등의 이른 저녁에 찾아오는 고객이 그리 많지 않다. 따라서 19시까지 주문하면 주류 등을 할인해 주는 '해피 아워'와 같은 방안을 실행해 볼 수 있는데, 이것은 고객 단가를 높이는데도 유효하다.

발견 5에서 확인되듯이 디저트나 칵테일을 주문하도록 유도해야 한다. 단, 맥주를 즐기는 사람은 디저트를 안 시키는 경향이 있으므로 맥주와 궁합이 잘 맞는 달지 않은 디저트 등의 메뉴 개발을 고려할 수 있다.

또는 예를 들어 '맥주 비율을 상승시킬만한 그룹', '디저트나 달콤한 칵테일을 추천하는 것이 효과적인 그룹' 등으로 고객층을 신속히 판별하여 추천 메뉴를 상황에 맞게 제시하는 방법도 유효하다. 여기서는 논하지 않았지만, 젊은 층과 중·노년층 간의 주문 방법에 차이가 보이는 것도 실행 방안에 연계시킬 수 있다.

2-5 ≫ 해석 방법이 중요하다

  이 장에서는 지금까지 '상품을 축'으로 한 구매 동향, 슈퍼마켓과 같이 '고객을 축'으로 한 회원 획득의 시사점을 얻기 위한 분석 등을 소개했다. ID-POS에 의한 구매 데이터, 소셜 데이터, TV 프로그램 정보 데이터 등 데이터의 조합으로 다양한 가시화와 결과를 도출할 수 있었다.

  데이터 분석으로 알게 된 '차이'를 어떻게 해석하여 풍부한 시사점을 찾을 것인지가 매우 중요하다. 해석을 하기 위해서는 대상 상품이나 서비스의 비즈니스 상황을 미리 이해해 두는 것이 필수적이다. 더 나아가 고객과 같은 시점에서 '그것은 무엇을 의미하는가'를 실제 매출이 일어나는 상황에 몰입하여 상상력을 발휘해야 한다.

  고등어 통조림의 경우 단지 TV 프로그램에서의 소개가 소셜의 확산을 불러왔다고 하는 분석만으로는 해석이 완료되었다고 할 수 없다. '놀라움과 예측⇒갈망과 보고⇒레시피 응용'과 같은 코멘트 내용의 변천, 처음에는 중·노년층이 반응하고 뒤늦게 트렌드를 접한 20대가 반응했다고 하는 연령대간 움직임의 차이 등에 대한 고찰을 거듭할 필요가 있다. 분석에 의해 발견한 차이에 주목하여 거기에 의미를 부여하는 작업이 중요한 것이다.

  그러면 어떤 차이에 주목하여 어떤 시사점을 찾아내는 것이 좋을까? 거기에는 어떤 의미를 두어야 할까? 데이터 분석 담당자에 따라 주안점이 다르기 때문에 해석에 관해서는 훈련과 센스가 요구된다. 가끔은 이치만을 따지기보다는 비논리적인 우뇌적 감성에 의존할 필요도 있다. 한 가지 확실한 것은 사전의 과제 인식과 가설이 명쾌하고 그 메시지가 강할수록 해석하기 쉽고 타당성이 높은 결론을 이끌어낼 확률이 높다는 점이다.

'고객화'의 관점을 가진다

'데이터가 말하게 한다'를 주제로 고등어 통조림, 먹는 고추기름, 찰떡아이스 등의 상품을 예로 들어 고객의 구매 동향을 밝히는 방법을 소개했다. 슈퍼마켓의 예는 고객의 특징을 이해하는 것을 목표로 언급했다. 다음 장에서는 고객의 관점에서 데이터를 분석해 나갈 것이다. '개인'을 파악하는 노력을 통해 각 고객의 동향을 알아내는 방법이다.

고객은 그때 무엇 때문에 그렇게 움직였는가? 말하자면 '고객화'를 대전제로 한 해석은 매출 향상을 위한 실행 방안으로 연결하기 쉽다. 반복하지만, 항상 고객과 같은 시점에서 필요한 정보를 어떻게 줄 수 있을 것인지를 고민해야 한다.

고객은 뜻밖의 계기로
움직인다

가설을 세우고 데이터를 조합하여 분석을 실행하면 무엇인가 보이기 시작한다. 담당자 입장에서는 분석 결과도 큰 성과물이지만, 여기서 끝내 버리면 진정한 성과로 이어지지 않는다. 분석 결과를 흐뭇하게 바라보고만 있다면 그것은 비용에 불과하다. 과제를 해결하기 위해서는 무엇보다 실행 방안으로 연결하는 것이 중요하다.

새로운 구매 행동을 촉진한다

데이터 분석에 근거한 실행 방안을 설계하여 성공을 거둔 예를 소개한다. 지역에서 가장 큰 슈퍼마켓 체인의 사례로서 기존에 구매 경험이 있는 고객에게 새로운 구매 행동을 유도하는 것이 목표였다.

이 슈퍼마켓에서는 점포의 입지를 활용한 실행 방안을 검토하고 있었다. 매장은 오피스 밀집 지역, 오래된 주택 지구, 교외의 신흥 주택 지구, 농어촌 지구, 역세권 등의 다양한 입지에 존재한다. 입지 조건이 다르면 자연히 점포 주변에 존재하는 고객의 특징(속성·직업·가족 구성 등)이 달라진다. 오피스 밀집 지역이면 평일에는 회사원이 많고 신흥 주택지라면 어린 아이가 있는 젊은 부부가 많다. 따라서 점포 주변의 고객의 특징에 따라 잘 팔리는 상품이 바뀌게 된다. 그럼에도 불구하고 구비된 상품의 구성은 점포별로 큰 차이 없이 관리되었다.

동사의 ID-POS(판매 시점 정보 관리) 데이터를 분석해 보니 다음과 같은 상황을 알 수 있었다.

- 반찬의 매출 비중이 높은 점포 : 오피스 밀집지역, 낮에 도시락의 수요가 많다.
- 과일의 매출 비중이 낮은 점포 : 주변에 과일 농가가 있다.
- 아이스크림이 잘 팔리는 점포 : 뒤쪽이 초등학교이고 주변에 편의점이 없다.
- 1회의 평균 구입 가격은 낮지만 1일 평균 방문객 횟수가 많은 점포 주차장이 작고 대부분의 고객이 도보로 방문한다.

역시 점포의 입지에 따라 고객의 구매 경향이 크게 달랐다. 여기서 점포 내 경향을 좀 더 상세히 가시화하여 주력해야 할 개선점을 찾아보았다. 이 사례에서는 여러 가지 실험을 시도했는데, 그 중 2가지 예를 소개하겠다.

상품의 진열을 최적화한다

실험 대상인 A점포에서 매출 비중이 매우 높은 상품군을 '주력 카테고리'로 선정하여 일정 기간 진열 공간을 확충했다. 반대로 별로 팔리지 않는 상품군을 '비주력 카테고리'로 정하여 진열 공간을 축소하는 실험을 했다. 그 결과 주력 카테고리에 속하는 상품군의 매출액은 지난 주의 동일 요일·기간에 비해 크게 신장했다. 진열 공간을 확대했으니 당연한 결과라고 할 수 있다.

여기서 주목할 것은 실험을 실시하기 전에 비해 해당 상품을 '(과거 2년간) 처음 구매한 고객'이 증가한 것이다. 처음 구매한 고객은 이미 여러 차례 구매한 고객과 같은 속성을 갖고 있었던 것이다.

여기서의 시사점은 진열 공간을 넓힘으로써 잠재적인 구매 욕구를 일깨웠다는 것이다. 주력 카테고리의 상품은 A점포에서 원래 잘 팔리던 것이다. A점포를 이용하는 고객과 해당 상품 카테고리의 궁합이 좋다고 볼 수 있다. 상품이 눈에 띄기만 하면 구매 고객이 증가했다.

한편 진열 공간을 축소한 비주력 카테고리는 어떻게 되었을까? 실험 전과 비교하여 구매 건수나 매출액에 변화가 없었다. 상품에 대한 점포 내 공간의 최적화를 어떻게 도모해야 할지 명확히 보여준 실험이었다.

점포 내 이동 범위를 넓혀 고객 단가를 올린다

A점포는 2층 건물이다. 1층에서는 채소나 생선 등이, 2층에서는 술, 가공식품, 냉동식품, 과자, 생활잡화 등이 판매되고 있다. 1층의 내점자 수에 비하면 2층의 고객 수는 절반 가량이다. 고객 단가를 끌어올리기 위해서는 2층으로 올라오도록 유도하여 점내를 돌아다니는 비율을 늘려야 할 것이라는 사전 가설을 세웠다.

그래서 1층에서 물건을 사면 2층에 올라가서 상품을 구매하게 되는지 상관 분석(상품의 조합)으로 조사했다. 1층과 2층의 상품을 함께 구매하는 경향을 분석해 보니 1층에서 특정 상품을 구입하면 2층까지 이동하는 확률이 높아지는 상품 카테고리가 있음을 확인했다. 고객을 2층으로 유

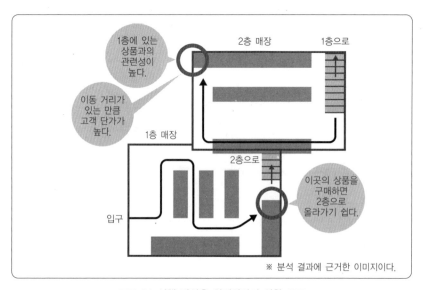

도표 3.1 실행 방안을 최적화하기 위한 구조

도하는 힘이 있는 상품 및 코너를 '2층의 흡인력이 있는 상품 코너'라고 명명했다.

흡인력을 낳는 관계 중 하나는 빵과 잼이다. 1층에서 빵을 사면 잼을 사기 위해 2층까지 이동할 확률이 높았다. 이러한 흡인력이 있는 상품 코너군을 활용해 2층으로 향하는 인원 수를 증가시키는 것이다(도표 3.1).

실험한 내용은 간단하다. 예를 들어 1층의 빵 매장에 '2층에서는 다양한 잼을 판매하고 있습니다'라는 POP(매장 판촉 보드)를 설치했을 뿐이다. 그 결과 해당 상품끼리의 연계 매출이 최대 1.5배 증가되었다. POP를 설치함으로써 잼의 존재가 상기되어 평소보다 많은 고객이 2층으로 올라간 것이다.

특이한 것은 실험 기간 중 동시 구매자의 고객 단가가 평소의 약 1.7배로 증가한 점이다. 1층의 빵 매장에서 2층으로 올라가기 위해서는 여러 매장을 통과하게 된다. 자연스럽게 쇼핑 바구니에 상품을 담을 기회가 증가한 것이다.

실험 기간 중에 매출에 미친 영향은 미미했지만, 2층의 흡인률 향상 실행 방안을 장기간 지속하면 평균 고객 단가를 높일 수도 있을 것이다. 물론 실험 대상 상품 중에는 2층으로의 이동이 이루어지지 않은 것도 있었다. 사전 예측에서는 공동 구매 가능성이 있다고 예측되었지만, POP만으로는 충분한 흡인력을 만들 수 없었던 상품이었을 것이다. 2층으로 유인하는 메시지를 변경하거나 다른 실행 방안을 실시한다면 다음에는 성공할 수 있을지 모른다.

실행 방안의 성공 여부를 결정짓는 '실행 포인트'

도표 3.2는 데이터 분석으로 드러난 과제로부터 구체적인 실행 방안을 수립하기까지의 프로세스이다. 실제로 실행 방안을 입안하기 전에 먼저 실행 방안의 테마를 결정할 필요가 있다.

실행 방안의 테마란 '신규 고객 획득', '내점 횟수 향상', '구매 금액 향상', '우수 고객화 촉진' 등과 같은 실행의 방향성을 정하는 것이다. 한 가지 과제에 대하여 여러 개의 테마를 들 수 있겠지만, '즉효성이 있는지', '매출에 대한 임펙트가 큰지' 등 자사의 상황에 따라 어떤 테마를 선택할지 결정해 나간다.

실행 방안의 테마가 정해진 다음에는 대상이 되는 고객을 추출한다. 데이터 분석을 통해 가장 반응이 좋을 것으로 추정되는 고객군을 추출한다. 이 단계에서 실행 방안의 정밀도를 확인하고 싶은 경우 비대상 고객을 일정 수 선별해 둔다. 실행 방안을 실시한 결과 대상과 비대상 고객의 반응 정도를 검증함으로써 실행 방안의 테마가 올바른지 여부를 판단할 수 있다.

아울러 상품을 선정한다. '추출한 대상자에게 가장 필요한 상품은 무엇인가', '무엇을 추천할 것인가'라는 질문을 충분히 음미할 필요가 있다. 필요한 경우에는 상품을 선정하기 위해 데이터 분석을 추가 실시하기도 한다. 대상자에게 적합한 상품은 물론 고객 단가가 높고 매출 영향력이

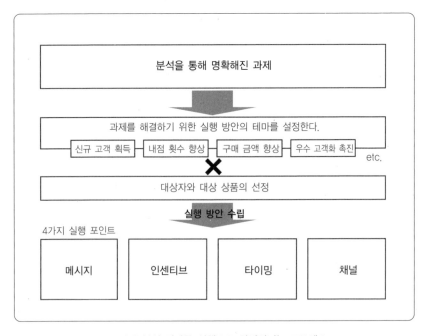

도표 3.2 분석 결과를 실행으로 연결시키는 프로세스

큰 주력 상품, 지금 제일 팔고 싶은 타깃 신상품 등에서 선택하게 된다.

그 다음 실행 방안을 결정하는 마지막 스텝으로 '실행 포인트'를 정리한다. 실행 포인트란 분석을 통해 얻은 시사점에 근거하여 변경해야 할 대상을 가리킨다. 구체적으로는 ① 메시지 ② 인센티브 ③ 타이밍 ④ 채널의 4개가 있다.

● 메시지

대상으로 선정한 고객에게 가장 전하고 싶은 내용이다. 고객이 자신에게 필요한 '개인 맞춤 정보'로 여기는 것이 중요하다. 메시지를 작성할 때는 '전달하고 싶은 내용을 대상자가 인식한다⇒내용을 이해한다⇒'언젠가'가 아니라 '지금' 행동한다'는 의미를 담는 것이 이상적이다.

● 인센티브

'나중에', '언젠가'가 아니라 '지금' 행동할 필요성을 느끼게 한다. 구체적으로는 '지금 구매하면 0% 할인'이나 'O일까지 구매시 포인트 2배' 등과 같이 시한적인 장점을 제시하는 것, 신제품 정보나 특별 정보의 제공 등 양질의 가치를 부여하는 것이 효과적이다.

● 타이밍

메시지와 인센티브를 고객에게 전달하는 타이밍을 신중하게 검토한다. 구매 직후에 같은 상품을 추천받으면 반감을 사게 될 수도 있다. 반면 적합한 시기에 자신이 갖고 싶은 상품의 정보가 도착하면 구매로 연결되고 기업 이미지가 높아질 수 있다.

고객이 상품을 필요로 하는 타이밍과 고객별 구매 리듬(간격)을 고려하는 것이 중요하다. 예를 들어 이전 구매일과 일반적인 소비 기간에 근거하여 신규 구매가 발생할 것이라 예상되는 고객에게 상품을 추천한다.

● 채널

고객에게 정보를 전하기 위한 접점(장소·미디어·주문 경로)이다. 자사가 정보를 제공하고 싶은 고객별로 최적의 채널을 선택하는 것이 중요하다.

예를 들어 텔레비전 CM의 경우 중장년 주부에게 정보를 주고 싶으면 평일 오후의 정보 프로그램, 젊은 층에게 전달하고 싶으면 밤 늦은 시간에 각각 방영한다. 인터넷에서는 '개인'의 움직임을 특정하는 것도 가능하므로 열람 경향을 파악하여 대상자를 좁힐 수도 있다. 메일 매거진으로 고객별로 콘텐츠를 바꾸거나 스마트폰의 애플리케이션을 통해 상품 서비스를 푸시형으로 추천하는 등 종래의 채널로는 불가능했던 접근 방법이 증가하고 있다.

최근에는 '옴니 채널'이라는 키워드가 큰 주목을 받고 있다. 옴니는 '모든', '전부'를 뜻하는 라틴어로 옴니 채널은 점포, 인터넷 통신 판매, 텔레비전 CM 등 어느 곳을 통해서든 같은 구매 체험을 할 수 있는 환경을 갖추려는 움직임을 말한다. 예를 들어 인터넷 통신 판매로 구매한 상품을 가까운 편의점에서 받거나 음식점에서 늘 주문하는 메뉴를 슈퍼마켓에서 추천받는 등 업종간의 제휴를 도모할 수 있는 구조이다.

고객의 속성에 따라 실행 방안을 바꾼다

실행 포인트는 대상이 되는 고객의 속성에 따라 구분하여 활용하는 것이 중요하다. 도표 3.3에서는 고객을 초우량 고객·우량 고객·표준 고객·이탈 요주의 고객·휴면 고객의 5가지로 나누었다. 초우량 고객과 이탈 요주의 고객에게는 전하고 싶은 메시지와 접점 등이 당연히 달라진다.

실행 포인트를 설계할 때 유의해야 할 것이 있다. 분석 결과로 판명된 구매 특징에 따른 실행 방안이 고객의 입장에서 기분 좋은 내용인지 아니면 불쾌한 내용인지를 충분히 고려해야 한다는 것이다. 특히 '개인'에 대한 실행 방안을 세울 때 중요하다.

정보를 전하는 빈도가 너무 높아서 자신에 대해 하나부터 열까지 알고 있는 것 같다고 느끼거나 별로 언급하고 싶지 않은 정보 또는 상품을 추천받았을 때 고객은 불쾌감을 갖는다.

이해하기 쉬운 예를 들어 보자. 당신은 회사 업무를 마치고 몸도 마음도 몹시 지친 상태로 퇴근 중이다.

스마트폰의 애플리케이션에서 '오늘도 수고하셨어요. 피로를 날려버릴 시원한 프리미엄 맥주는 어떠세요? 혹시 냉장고의 맥주가 바닥을 보이고 있지 않나요? 귀가길에 A편의점에 들러 보세요. 오늘 당신만 특별히 20% 할인해 드립니다!' 라는 메시지를 받으면 '안 그래도 가볍게 한 잔 하고 싶었는데, 이 프리미엄 맥주는 신상품인가? 좋아, 가보자!'와 같이 전개될 수 있다.

한편 '슬슬 화장실 휴지가 떨어질 때가 되지 않았나요? 오늘 밤 단골가

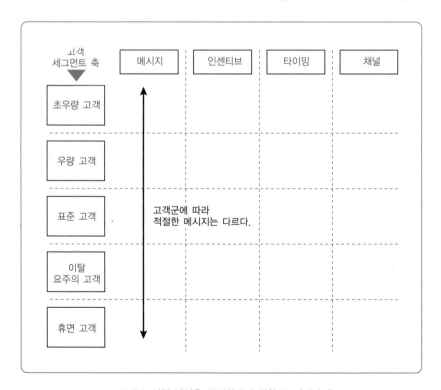

도표 3.3 실행 방안을 최적화하기 위한 구조(이미지)

게에 들르세요. 당신만 살짝 20% 할인해 드려요!'라고 한다면 '어떻게 그런 일까지 다 알고 있지'라며 화를 낼지도 모른다.

여기서 들어본 예는 모두 이전 구매일과 일반적인 소비 기간을 분석하여 수요 발생을 추정하고 상품을 추천한 것이다. 다만 후자는 타이밍과 메시지를 오인할 수 있어 적절한 실행이라 하기 어렵다. 예를 들어 화장지를 추천해야 할 타이밍은 대형 마트 등에서 일괄 구매를 하는 주말 오후 쪽이 유효할 것이다. 메시지에서도 '슬슬 구매 시기 아닌가요?'와 같이 고객의 사생활을 알고 있다는 듯한 뉘앙스는 피하는 것이 좋다.

빅데이터로 여러 가지 일을 가시화할 수 있다고 광고하고 있지만, 그것이 바람직하지 않다고 여기는 층도 적지 않다. 빅데이터를 활용하여 '개인'에게 다가가려는 큰 움직임이 있지만, 받아들이는 입장인 소비자의 입장에서 봤을 때도 필요한 상품에 대한 메시지, 인센티브, 타이밍, 채널이 적절한 것인지 여부를 신중하게 판단해야 한다.

그것은 고객에게 있어 기분 좋은 추천인가? 그것은 고객에게 있어 편리한 쇼핑이 될 수 있는가? 그것은 지금 전해야 할 것인가? 항상 고객의 입장에서 고민을 거듭해야 한다.

3-2 ≫ 무료 식사 쿠폰으로
매출을 높이다

실제로 분석 결과로부터 생각하지 못했던 시사점을 찾아내어 실행으로
연결한 사례를 소개한다. 소비자용 내구재를 전국의 자사 점포에서 판매
하는 사업자가 4가지 실행 포인트 중 메시지와 인센티브에 변화를 주어
큰 성과를 올린 이야기다.

DM 개혁으로 내점 비율 향상

이 사업자는 정기적으로 고객을 초청하는 이벤트를 실시하고 있는데,
매번 흥미를 가질 만한 고객군을 골라내어 내점을 촉진하는 다이렉트 메
일(DM)을 보내고 있다. DM에는 '본 우편물 지참시 2000엔 할인'이라는
쿠폰이 첨부되어 있다. 현재 DM을 받은 고객의 방문율은 10% 정도인데,
이 숫자를 더 높여 방문 행사의 활성화를 도모하고자 했다.

우선 DM을 보내는 대상이 된 고객군과 그렇지 않은 고객군 사이에 구
매 경향에 차이는 없는지 여러 가지 데이터 분석을 시도했다. 분석에 이
용한 데이터는 고객 데이터와 고객별 구매 데이터이다. 2개 데이터를 연
결하여 '최종 구매일', '구매 빈도', '누적 구매 금액', '구입 상품 내역',
'주말의 구매 경향', '거주 지역', '연령', '성별' 등 다양한 항목끼리 조합,
분석을 실시했다. 그 결과 이벤트의 대상이 되는 고객군은 점포 안에 있
는 레스토랑의 이용률이 현저하게 높다는 것을 알았다.

이 분석 결과를 근거로 인센티브를 기존의 상품 할인권이 아닌 레스토랑의 식사 쿠폰으로 변경했다. 메시지에도 이벤트 자체의 홍보는 줄이고 '언제나 고맙습니다. 감사의 마음을 담아 식사 쿠폰을 드립니다. 꼭 식사하러 오세요!'라고 수정했다. 결코 예산을 늘려 호화로운 식사 쿠폰을 보낸 것이 아니다. 기존의 할인권과 같은 예산으로 가능한 범위의 식사 쿠폰을 보냈을 뿐이다.

메시지와 인센티브를 바꾼 결과 DM을 받은 고객의 내점 비율은 과거에 비해 약 4배로 대폭 늘었다. 게다가 레스토랑 이용자의 대부분은 고객단가의 평균을 웃도는 구매를 했다. 커뮤니케이션을 취하고 있는 고객의 특징을 데이터에서 '발견'하여 메시지와 인센티브에 변화를 줌으로써 구매 행동을 개선시킨 사례이다. 이 사례에서 주목해야 할 것은 할인이라는 형태에서 갖기 쉬운 '싸구려' 상품이라는 부정적 이미지를 불식시키는 데도 성공했다는 점이다.

창조적 아이디어로 승화시킨다

DM의 제작물도 이 사례에 있어 주목할 점 중 하나이다. 할인권이 든 기존의 봉투와 편지지의 디자인은 이벤트의 느낌을 강조하여 '할인'이라는 메시지를 강하게 전달하는 표현 수단이었다. 그런데 이번에 식사 쿠폰을 넣은 새로운 봉투와 편지지는 디자인을 크게 바꾸었다. 외형을 질 좋은 초대장과 같은 느낌으로 연출하여 고객이 '이게 뭘까? 어째서 나에게?'라는 놀라움을 갖고 봉투를 열면 평소의 구매에 대한 감사의 마음이 담긴 편지가 나온다. 거기에 식사 초대 티켓과 메뉴가 동봉되어 있다. 고객은 생각지 못한 선물에 즐겁고 따뜻한 기분이 될 것이다. 데이터 분석을 하지 않고 과거처럼 할인 쿠폰을 보내기만 했다면 새로운 결실은 없었을 것이다.

양적인 분석 결과에서 얻은 시사점을 고객의 입장에서 기분 좋은 표현으로 승화시켰다. 데이터 분석이라는 좌뇌적 요소에서 제작물이라는 우뇌적인 요소로 바통이 넘겨진 것이다. 분석을 통해 알게 된 결과를 자신이 착안한 '차별화'에 얼마나 창조적인 아이디어로 표현할 것인가. 이러한 사고력이 앞으로의 데이터 활용에는 절실하게 요구된다.

이 사업자에게 있어 할인권을 식사 쿠폰으로 대신하는 실행 방안은 중대한 결단이었다. 영단이라고도 할 수 있을 정도다. 이 프로젝트의 담당자는 'DM을 보낼 때 우리 서비스의 특전을 넣어 달라'라는 다른 부서의 요청을 거절했다고 한다. 분석 결과에서 얻은 경향을 믿고 과제에 집중하는 의지가 강했기 때문에 실현에 이를 수 있었다.

판단 근거가 부족하면 설문조사나 인터뷰로 보충한다

정량적인 '차이'를 해석하여 고객에게 전달하는 메시지를 고안할 때 정량적인 분석 결과만으로는 판단 재료가 부족한 경우도 있다. '좀 더 상대의 속마음에 다가가고 싶은' 경우가 적지 않은 것이다 그럴 때 유효한 것이 '데이터 & 통찰'의 관점이다. 분석 결과로부터 얻은 정량적인 데이터에 더해 설문조사나 인터뷰로 정성적인 정보를 수집하여 구매 행동의 이면에 숨겨진 본심을 통찰하는 것이다. 구매의 특징을 설명해 주는 내점 행동, 선택 행동, 흥미·관심을 알 수 있다면 메시지를 개발할 때 큰 힌트를 얻을 수 있다.

예를 들면 자사 내점 횟수가 1개월당 10회가 넘는 고객군이 있다고 하자. 이 그룹에 대한 앙케트를 통해 자사 점포의 상품 서비스의 호감도를 파악하여 0~10까지 11단계로 점수를 매긴다. 참고로 만족도·추천도를 평가하는 방법은 일반적으로 '넷 프로모터 스코어(NPS)'라고 한다.

내점 횟수와 호감도를 수치화한 데이터로 크로스 집계를 해 보면 내점 횟수는 같아도 강한 호의를 갖고 있는 그룹과 내점이 내키지 않는 그룹으로 나눌 수도 있다(도표 3.4).

내점 횟수만으로 고객의 충성도를 평가하고 있으면 양쪽 그룹에 같은 메시지를 발신하겠지만, 호감도를 파악할 수 있다면 메시지와 인센티브는 전혀 달라지게 된다.

구매 횟수가 많고 만족도·추천도가 높은 고객은 양호한 관계가 구축되

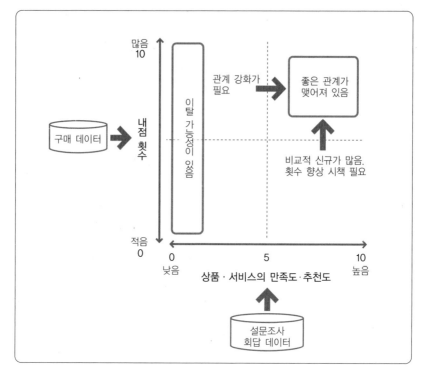

도표 3.4 데이터 & 통찰에 의한 평가

어 있다고 볼 수 있다. 이러한 고객에게는 관계를 보다 공고히 하기 위한 질적인 가치가 높은 메시지가 요구된다.

한편 구매 횟수는 많지만 만족도·추천도가 낮은 고객도 존재한다. 이러한 고객의 경우는 특정한 과제를 안고 있을 가능성이 높다. 요인을 최우선적으로 특정하여 구매 체험의 어디에 문제가 있는지 확인한다. 이런 고객은 긴급한 대응이 요구된다.

3-3 ≫ 구매 행동을 '예측'한다

분석 결과란 어디까지나 과거의 것이다. 구매 행동의 역사이자 꾸준히 이어진 행동의 나열이라고 할 수 있다. 중요한 것은 과거의 구매 행동 속에서 시사점을 찾아내어 다음 행동을 '예측'하는 것이다.

예측이 성립하기 위해서는 과거의 구매 이력에 있어 ① 대상으로 하는 구매 행동에 특징적 경향이 있을 것, ② 그 경향에 들어맞는 조건에서 고객을 추출할 수 있을 것, 이렇게 2가지 전제가 필요하다. 이것이 충족되면 다음 2가지 가설이 맞다고 상정한 것이 '예측'이 된다.

- 아직 구매 행동은 하지 않았지만 특정 조건을 채우면 조만간 반드시 구매할 것이다.
- 이미 구매 행동을 했으며 특정 조건이 충족되는 동안은 그 행동을 계속할 것이다.

미래의 구매 행위로 연결되는 조건을 찾는다

예측에 관해서는 먼저 제1장에서 다룬 일본항공(JAL)의 '해외 여자 여행'의 예를 떠올려 보자. 이 사례의 포인트는 해외 여자 여행의 경험은 없지만 '가까운 미래에 해외 여자 여행을 할지도 모르는 그룹'을 추출하는 데 성공했다는 점이다.

데이터 분석을 통해 '구매 결과'는 파악할 수 있다. 그리고 데이터를 좀 더 심도 있게 분석하면 '비구매 결과'도 파악이 가능하다.

일반적으로는 비구매 고객 그룹 쪽이 더 많이 존재한다. 중요한 것은 비구매 그룹에 속해 있는 고객군에서 앞으로 구매 행동을 할 고객을 특정하는 것이다. 기존 구매 고객이 '한 번 더' 행동하게 하는 것도 중요하지만, 현시점에서 잠재적 고객을 높은 정밀도로 특정하여 계기를 만들어낼 수만 있다면 그것은 곧 시장의 확대를 의미한다.

특정하는 방법에 있어서도 JAL의 사례가 참고가 된다. 단적으로 말하면 기존 고객과 유사한 특징을 갖고 있는 고객을 잠재 그룹에서 찾아내는 것이다. 특징이란 '성별, 연령대, 직업 등의 속성', '무엇을 구매하고 있는지?', '구매 빈도는?', '구매 시점은(주말/평일, 봄/가을 등)?' 등과 같은 것이다. 많은 데이터 항목 중에서 유효성이 높은 것을 골라내는 다변량 해석을 반복하면서 정확도를 높이는 것이 중요하다.

1개월 후의 매출을 예측한 사례

'예측'에 관한 다른 사례를 보자. 신문이나 TV에서의 광고를 통해 구입처가 되는 전화로 직접 유인하는 통신판매의 경우다. 점포의 입지에 해당하는 부분이 통신판매에서는 어떤 미디어에 광고할 것인가, 점내 진열이 통신판매의 광고 디자인을, 계산대에 해당하는 부분이 전화번호나 웹에서의 주문을 각각 의미한다.

통신판매는 고객과 제조사가 직접 거래할 수 있는 마케팅 방법이다. 신상품을 일방적으로 소개하는 텔레비전 CM 등과 달리 구매 데이터를 취득할 수 있기 때문에 다양한 마케팅 수법이 고도로 발달된 영역이다. 필자 자신도 이 영역에서 결과에 대해 일희일비를 반복하며 근무한 적이 있다. 메시지가 조금만 달라져도 주문 건수가 크게 요동친다.

통신판매의 광고 미디어가 신문 광고나 전단지인 경우 혹은 아침에 방송하는 텔레비전 CM인 경우 아침부터 주문 전화가 걸려온다. 예를 들어 어떤 경우에는 1개월 후의 매출 예측 모델이 개발되어 있어 반나절의 주문 건수만으로 1개월 후의 매출까지 예측할 수 있다(도표 3.5). 1개월 후

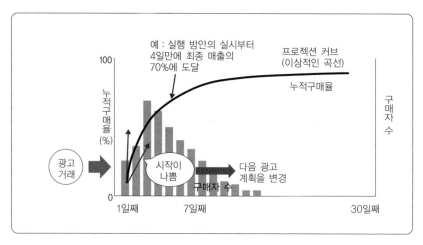

도표 3.5 구매 동향과 실행 방안의 관계를 파악한다

의 매출 예측이 목표보다 낮은 경우는 차기 실행 방안의 개선이 필요하다.

구체적으로 다음 광고는 제작자를 바꾸거나 매체를 옮기거나(A신문에서 B신문으로) 방송을 취소하는 등의 조치를 취한다. 무엇을 바꾸는 게 좋을지는 경우에 따라 다르지만 주문에 미치는 영향도가 큰 요소를 특정하여 변경하는 것이 좋다.

고객의 주문 창구가 자사의 웹 사이트나 온라인 쇼핑몰인 경우는 실시간 반응이 한층 증가한다. 대상자가 열람한 웹 페이지 또는 접속한 웹 페이지와 '실제로 구매했는지 안 했는지'의 관련성을 분석하여 가장 잘 팔리는 방법으로 매순간 웹 페이지의 구성과 디자인을 바꾸는 것도 가능하다.

데이터 분석의
효과를 파악한다

이 책의 표지도
데이터 분석으로 결정했다

지금 이 순간 고맙게도 당신은 이 책을 읽고 있다.

본인 스스로 서점에서 구매한 분도 있을 테고 지인, 회사의 상사나 동료로부터 받은 분도 있을 것이다.

사실 이 책의 제목은 처음에는 전혀 달랐다. '고객을 움직이는 데이터 분석', '고객을 찾아내라' 등과 같이 고객을 축으로 한 방향성을 상정하고 있었다. 설마 '그해 여름, 고등어 통조림은 어떻게 히트상품이 되었는가?'가 되리라고는 상상하지도 못했다. 그 경위를 소개하는 부분부터 이 장을 시작하고 싶다.

가능한 한 많은 독자가 읽었으면 하는 바람에서 '손이 가는' 표지 만들기를 목표로 전국 400명의 회사원을 대상으로 표지와 내용에 관한 인터넷 조사를 사전에 실시했다. 조사 대상이 된 400명은 지난 2개월 이내에 1회 이상 비즈니스 서적을 구입한 분들이다.

어떤 책의 표지와 제목에 '손이 갈 것인가?' 먼저 가설을 세울 필요가 있었다.

실태 조사를 위해 대형 서점을 방문하다

아시는 바와 같이 서점에는 많은 서적이 빼곡히 진열되어 그 개성을 드러내려 경쟁하고 있다. 물론 서적은 내용이 전부지만, 관심을 끌 만한

'표지 도안'이 필요한 것은 분명하다.

실태를 살펴보기 위해 도쿄의 한 서점을 방문했다. 1~4층까지 매장이 있는 대형 서점이다. 1층에 들어가자마자 보이는 신간·비즈니스서 코너에서 실지 조사를 했다(실시일은 2014년 7월 하순). 비즈니스·경제 카테고리의 신간·화제의 책 약 330권을 대상으로 표지 색상, 제목의 문자 수, 가로쓰기/세로쓰기, 제목 내용 등을 육안으로 확인하며 데이터를 정량화했다.

그러자 다음과 같은 표지의 경향이 눈에 들어왔다.

- 표지의 배경 색상은 흰색이 약 70%를 차지할 정도로 많다. 그 다음은 파란색 계열(특히 물색)이다. 띠도 같은 경향이다. 관계자에게 물으니 비즈니스 서적의 흰색 배경은 최근의 붐이라고 한다.
- 인물 사진이 표지에 포함되는 경우가 전체의 20%다. 시각적 자극이 있어서인지 정량화하기 전에는 20%보다 많게 느껴졌다.
- 메인 타이틀은 가로쓰기가 약 60%, 세로쓰기가 약 40%이다. 극소수지만 대각선 배치도 있었다.
- 메인 타이틀의 문자 수는 10문자 이내가 절반을 차지하여 간결하게 눈에 들어오는 것이 중요하다. 15문자까지가 70%에 가까웠다.
- 메인 타이틀은 '○○하자'와 같이 말을 건네는 형식이나 '왜 ○○일까?'와 같이 의문을 던지는 형태가 비교적 많다. 그 다음은 '반드시 잘 된다'와 같은 긍정적 멘트가 뒤를 이었다.
- '방법론 계열'로 묶을 수 있는 카테고리가 많이 존재하지만, 세분화하면 '○○활용 기술'과 같은 기술 계열, '○○강좌, ○○의 교과서' 적인 지식을 학습하는 이미지를 가진 방향성이 눈길을 끈다. 추측이지만 독자가 이론·개념적인 의미의 내용보다 실천적이고 '나도 배울 수 있겠다'하는 느낌이 오는 쪽을 선호하는 것 같다. '숫자'도 자주 이용되는 요소인데, '3가지·5가지·7가지 포인트'와 같은 요점 정리 계열이 비교적 많다.

서점에서의 경향은 대체로 파악되었다. 데이터 활용에 있어 중요한 것은 비교이다. 앞으로 잘 팔릴 것 같은 '차이'를 찾아내는 것이 중요하다고 강조해 온 대로 스스로 실천해 보았다.

'서점에서 알게 된 경향'과 '실제로 잘 팔리는 책의 경향' 사이의 차이를 비교했다. 후자는 2014년 7월 중순 시점의 아마존닷컴의 '비즈니스 경제' 랭킹 베스트 100의 모든 표지를 육안으로 체크하여 이 데이터를 정량화했다. 그렇게 하여 배경색이나 타이틀 문자 수 등에 있어 '서점의 경향'과 '실제로 잘 팔리는 책의 경향'의 차이를 찾을 수 있었다. 이 차이가 클수록 '손이 잘 가는 표지'로 평가할 계획이다.

한쪽의 샘플이 약 330개, 다른 한쪽은 100개이다. 경향을 평가하기에는 양이 적지만, 어디까지나 참고 수준이므로 양해해 주기 바란다. '차이'를 비교해 본 결과는 다음과 같다.

- 제목은 약간의 차이지만, 가로쓰기 쪽이 잘 팔리고 있는 것 같다.
- 배경 색상은 역시 흰색이 많고 잘 팔리는 책도 그런 것 같다. 단, 최근의 경향이라는 것을 엿볼 수 있다. 베스트셀러 100에는 상당히 오래 전에 발매된 서적도 포함되어 있다. 그 때문인지 최근 서점의 경향에 비하면 흰색 표지는 10포인트 정도 낮았다. 검정색이나 회색 배경도 꽤 팔리는 것 같다.
- 메인 타이틀 수는 10문자 정도로 할 것. 많아도 15문자 이내로 끝내야 한다.
- 제목의 방향성에 있어 서점에서는 많았던 '~술, ~활용술'류의 책은 그리 많지 않다. '○○의 방법, ○○법'과 같은 방법론적인 뉘앙스 쪽이 나은 것 같다. 또한 '~인가?'라는 의문형 계열이 선전하고 있었다.

제목에 '고등어 통조림'이 등장한 이유

이러한 고찰을 감안하여 이 책의 표지를 다음과 같이 결정했다(도표 4.1).

- 흰색을 배경으로 하고 띠에 회색 계열을 쓴다.
- 메인 타이틀 문자 수는 15문자 이내(10문자 이내가 가장 좋다)
- 제목은 가로쓰기로 한다.

실제로 인터넷 조사 평가에서도 이 디자인의 표지가 비교적 높은 평가를 받았다.

조사를 통해 알게 된 것은 제목이 가로쓰기인지 세로쓰기인지는 문자 수와 관련하여 평가가 나뉘었다는 점이다.

10문자 이내의 경우 세로쓰기가 강하게 느껴지기 때문인지 평가가 높았다. 단, 10문자 이상~15문자 정노가 되면 세로쓰기보다 가로쓰기가 좋다는 가설을 갖게 되었다.

다음은 제목이다. 여기서는 2개의 축을 설정했다.

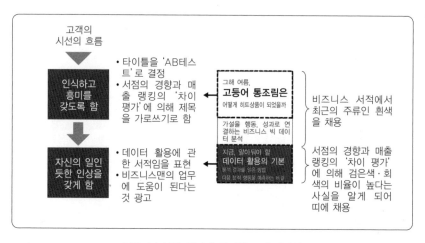

도표 4.1 분석 결과에 근거한 표지 디자인

A 고객 축

고객의 관점에서 데이터 활용 서적임을 알려주고 싶었다. 구체적으로는 다음과 같은 제목이 후보에 올랐다.

'고객화력'

'고객을 움직이는 데이터 분석'

'고객을 찾아내라!'

'고객을 찾아내자!'

'빅데이터 시대의 사고력'

B 분석 발견 축

먼저 관심을 끈 다음 어떤 책인지 알아봤으면 하는 바람에 다음과 같은 제목을 후보로 올렸다. '주점~', '술집~'은 2장에 소개한 분석 도중의 가설에 근거한 것이다.

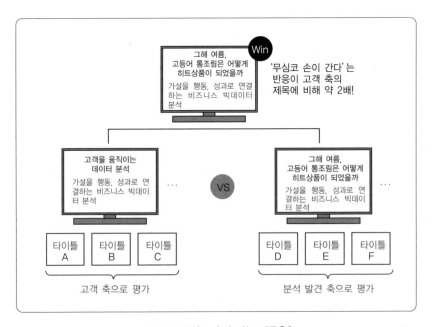

도표 4.2 무심코 손이 가는 제목은?

'주점은 3인석을 만들어라!'

'술집은 3인석을 만들어라!'

'슈크림은 남자를 노려라!'

'그해 여름, 고등어 통조림은 어떻게 히트상품이 되었을까?'

'그해 여름, 고등어 통조림에 무슨 일이 있었을까?'

이렇게 총 10개의 타이틀을 대상으로 조사를 했다. 'AB테스트'라 불리는 것으로, 제시된 것 중 어떤 선택지를 고를 것인가 하는 조사다. 참고로 부제는 모두 '가설을 행동, 성과에 연결하는 비즈니스 빅데이터 분석'으로 통일했다.

조사 결과 A의 고객 축은 '고객을 움직이는 데이터 분석'이 압도적으로 높은 평가를 받았다(도표 4.2). B의 분석 발견 축에서는 '주점은 3인석을 만들어라!', '슈크림은 남자를 노려라!', '그해 여름, 고등어 통조림은 어떻게 히트상품이 되었을까?' 가 선택되었다. 이 중 작은 차이였지만 '고등어 통조림'이 우세했고 '슈크림', '주점'이 그 뒤를 이었다.

똑같이 고등어 통조림이 포함되어 있어도 '~무슨 일이 있었을까?'는 가장 평가가 낮았다. '~어떻게 히트상품이 되었을까?' 쪽이 더 호기심을 자극하는 것으로 판명되었다.

성별에서는 여성에게 평가받는 제목과 남성에게 평가받는 제목이 따로 있다는 것이 흥미로웠다. 분석 발견 축은 여성의 평가가 높고 고객 축은 남성이 높게 평가했다.

마지막으로 A의 고객 축과 B의 분석 발견 축으로 결승전을 실시한 결과 B의 평가가 높았고 그 차이는 2배 이상 벌어졌다. 그래서 최종적으로 이 책을 읽고 있는 여러분이 보는 것처럼 '고등어 통조림'을 채용했다. '주점', '슈크림'에 근소한 차이였지만 앞섰고 '의문 계열'은 잘 팔린다는 가설 때문이었다. 문자 수는 빠듯하게 15문자 이내가 되었다.[7]

*****

7 역주 : 일본 원서의 제목은 'あの夏, サバ缶は なぜ買れたのか？'로 14글자이며 직역하면 '그 여름, 고등어 캔은 왜 팔렸을까?'(13글자)이다.

메시지 자체의 힘과 디자인의 호응 등도 당연히 감안해야 한다.

데이터에 의한 정량 분석에서 해답을 얻어 창조적인 감각을 덧칠해 나간다. 필자는 이 과학과 예술의 요소는 결코 물과 기름이 아니고 모두 필요하다고 생각한다. 무엇보다 예술의 관점에서 '깜짝 놀랄 만한 디자인'의 힘은 큰 상승 효과를 발휘하여 좋은 결과를 낳는다.

효과 검증을 반복하는 PDCA(계획·실행·검증·개선) 사이클을 통해 과학과 예술이 융합될 수 있다면 바야흐로 빅데이터 시대의 새로운 창조 도구가 될 것이다.

이번에는 서점에서 2시간 가까이 머물며 오로지 메모를 작성하고 데이터화했다. 그래선지 필자를 수상하게 여기는 것 같아 사례의 뜻으로 서적 2권을 구입했다. 인터넷 조사는 매크로밀사의 협력을 받았다.

4-2 >> '빅 KPI'의 사고방식

제2장에서는 제목이 된 고등어 통조림의 예, 슈크림의 예 등을 통해 '데이터에 말하게 하기' 위한 사고방식과 실례를 소개했다. 사전에 가설을 세운 다음 데이터를 앞에 놓고 분석을 실시한다.

여기서는 '차이'가 중요하다고 설명했다. 예를 들어 실행 방안을 도출하기 위해서는 자사의 수익에 공헌하는 고객과 그렇지 않은 고객에 관하여 속성의 차이와 구매 행동의 차이를 찾아내는 것이 중요하다.

제3장에서는 자사의 매출이라는 실제 효과를 낳기 위해 어떻게 고객을 움직일 것인지 그 방법에 대해 설명했다.

KPI를 설정한다

당초 설정한 목표는 현시점에 어느 정도나 달성되었는가? 달성 정도를 항상 확인하고 필요하면 처음의 가정이나 체계를 변경하는 등의 개선을 하는 것이 중요하다. 그를 위한 운용 규칙도 빠뜨릴 수 없다.

먼저 KPI는 'Key Performance Indicator'의 약어로 목표의 달성 정도를 측정하는 정량적인 지표이다. 한국에서는 일반적으로 '핵심 성과 지표'라고 번역된다.

비즈니스의 목표는 매출의 증가와 이익의 향상이다. KPI는 이 목표에 도달하기까지의 중간 체크 포인트와 같은 것으로, 항상 파악하고 있어야 한다. 이 때문에 '과정 지표'라 불리기도 한다.

그럼 KPI는 실제로 어떤 것일까? 다음과 같은 것을 생각해 볼 수 있다.

- 광고에 대한 고객(구매)의 '반응률'
- 신규 '고객 획득 수'
- 기존 고객의 '계속 구매 수'와 '횟수'
- 실행 방안의 대상이 된 '상품의 구매율'
- 고객이 구매나 내점으로부터 멀어지는 '이탈률'
- 상품과 서비스의 '만족도'

이와 같이 KPI는 다양하다. 각각 반응률이라면 20%, 신규 고객 획득 수라면 500명 등과 같은 숫자가 나온다. KPI는 복수 설정이 일반적이지만, 그 경우 어떤 KPI가 중요한지 안 보이게 될 때도 있다. 이렇게 되면 KPI의 숫자를 향상시키는 것이 목표가 되는 본말전도가 일어날 수도 있다.

따라서 가장 중요한 KPI를 '빅 KPI'라고 하자(도표 4.3). 이는 최종 성과인 매출이나 이익의 증가에 대해 가장 큰 영향을 주는 KPI를 가리킨다.

여기서 데이터가 등장할 차례이다. 다양한 실행 방안이라는 인풋과 매출이나 이익이라는 아웃풋 데이터를 분석하여 상호 영향력의 강도를 찾아내야 한다.

필자는 경험에 근거하여 '그 업종의 비즈니스, 그 상품이라면 빅 KPI는 이것'이라고 단언하는 경우도 있지만, 독자적인 KPI를 설정하는 경우도 적지 않다.

예를 들어 제3장에서 다룬 슈퍼마켓의 경우 점포가 1층과 2층으로 나뉘어져 있는 구조이기 때문에 고객을 2층으로 보내는 일이 매출에 미치는 영향력이 크다고 판명되었다. 그래서 '2층 송객률'이라는 독자적인 KPI를 설정했다.

고객이 생애 중 상품이나 서비스를 구입하는 총액인 LTV(고객 생애 가치)를 고려할 때 최초로 상품 B를 구입하면 총액이 증가하는 것이 판명된 다면 빅 KPI는 상품 B의 구매 경험률이 된다.

수많은 KPI에서 범위를 좁힌다

최근 현저한 성장을 보이는 통신판매와 오프라인 점포를 둘 다 갖고 있는 화장품 브랜드의 예로 KPI를 설계하는 방법을 설명하겠다.

상품의 품질이 좋아서 연예인이 개인 블로그에 칭찬하는 경우도 많은데, 그 때마다 판매량이 늘고 있다. 2차례, 3차례 반복 구입하는 고객도 많은 것이 특징이다.

이 화장품 브랜드도 다른 예와 마찬가지로 많은 KPI를 갖고 있다. '신규 고객 획득률', '샘플 세트에서의 구매율', '정기 구매율', '일괄 구매율', '이탈률', '상품별 구입 횟수', 'LTV 평가' 등 실로 다양한 KPI가 존재한다.

어느 하나도 놓칠 수 없는 중요한 것이지만, 이 중에서 비즈니스 효율을 향상시키기 위한 빅 KPI를 발견하는 것이 최우선 과제로 주어졌다. 1년 후 매출의 시뮬레이션을 실시하여 어떤 KPI가 가장 큰 영향을 미치는지를 찾아내야 한다. KPI 1개씩만 값을 움직이면서 신장 정도의 확인을 반복했다.

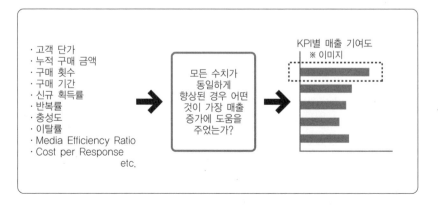

도표 4.3 가장 영향력이 큰 빅KPI를 파악한다

결과적으로 이 경우 신규 샘플 또는 일반 구매 고객이 '정기 이용으로 전환하는' 것이 중요하다고 판단했다. 시뮬레이션 결과 샘플 또는 일반 구매 고객의 정기화 비율을 높이면 1년 후의 매출이 가장 크게 신장되었다. 이 정기화 비율을 '빅 KPI'로 삼아 신규 샘플 또는 일반 구매 고객을 정기화하는 실행 방안이 최우선 과제로 위치하게 되었다.

PDCA의 운용 없이는
데이터 분석의 의미도 없다

그 효과는 어떠했는가? 최종 성과는 좋았는가? 새로운 과제는 나왔는가? 당연한 말이지만 빅 KPI에 대한 실행 방안의 효과를 검증하고 올바르게 평가해야 한다. '왠지 모르겠지만 결과가 좋았다', '평소보다 사람이 적어서 별로였다' 등과 같이 주관적인 평가 또는 임기응변적이고 감정적인 평가를 가장 피해야 한다. 관련 멤버들간에 KPI 정보를 공유하고 실행에 따른 결과에 관하여 그 요인을 고찰하는 자세가 요구된다.

고객으로부터 마케팅이나 데이터 분석을 위탁받는 입장에 있는 광고회사도 같은 자세를 가져야 한다. 실행 방안의 성공과 실패에 일희일비하고 목표의 달성을 위해 함께 뛰는 파트너가 되어야 한다. 회사라는 울타리를 뛰어넘어 관계된 멤버끼리 공유된 결과를 정확히 파악하려는 자세, 즉 가설에 근거해 실행 방안을 수립하고(Plan), 실행하고(Do), 그 효과를 검증하고(Check), 밝혀진 과제를 해결하기 위한 개선을 실시한다(Action). 이것을 반복하는 것이 매우 중요하다. 이러한 PDCA를 위해 필요한 요소는 다음과 같다.

'P'가 목적인 '프로젝트 정례 회의'를 당장 시작한다

유관 멤버들이 모여 매주 혹은 격주 1회 특정 회의를 갖는 것부터 시작한다. 주로 최근 실행 방안에 대한 효과 검증과 다음 실행 방안에 대한 계획이 논의의 중심이 된다. 상품 담당, 마케팅 담당, 선전 담당, 고객 관리 담당, 분석 담당, 외부의 마케팅 파트너 등 다양한 입장의 관계자가 한 곳에 모여 논의를 진행하는 것이 좋다.

가능한 한 회의 전에 기본적인 '검증(C)'은 각자 해둔다. 바쁜 멤버들이 모이는 귀중한 기회이므로 결과 보고만으로 2시간을 낭비하는 사태는 피해야 한다. 가급적 많은 시간을 '입안(P)'에 할애해야 한다.

정형화된 KPI 리뷰를 사전에 공유해 두는 것이 효과적이다. 온라인으로 공유와 간단한 집계를 할 수 있는 BI(비즈니스 인텔리전스) 툴이나 동종의 서비스를 사용하는 방법도 유효할 것이다.

입안(P)을 위해서는 왜 그런 결과가 되었는지 요인을 추측해야 한다. 잘못된 추측을 할 때도 있지만 원인을 모른다면 다음 단계로 넘어갈 수 없다. 어떤 데이터를 분석해야 할지도 알 수 없어지기 때문이다.

확인 내용의 체계화

'실행(D)'의 효과를 계속적으로 확인하는 검증 리뷰는 여러 개의 패턴을 표준화할 필요가 있다. 크게 3종류를 들 수 있다.

① 일간·주간 리뷰

KPI의 움직임을 정기 점검 관측하는 매일 혹은 매주 단위로 실시하는 리뷰로 신속성과 지속성이 중시된다. KPI에 대한 최신 동향을 확인하여 무엇이 부족한지 또는 초과 달성 중인지를 신속히 체크하는 것이다. 다음 단계인 개선(A)에 미치는 부정적인 영향을 최대한 조기에 저지하려는 목적도 있다.

② 월간 리뷰

보다 깊이 있는 데이터 분석을 통해 과제를 발견하고 향후 3개월간 정도의 전략 수립을 목적으로 하는 월 1회의 리뷰로 일간·주간 리뷰에서 알게 된 경향을 규명하기 위해 심도 있는 분석을 실시하는 경우도 있다.

예를 들어 '고객 그룹별로 어떤 움직임을 보이고 있는가?', '구매 동향에 차질은 없는가?' 등의 관점에서 마케팅의 동향을 깊이 있게 평가한다.

매출 향상 등의 시사점을 찾아내는 중요한 프로세스로, 월간 리뷰와 분기 리뷰에 있어서의 데이터 분석은 특정 목적을 위해 실시하는 '임시방편적 가설(Ad hoc hypothesis) 분석'이라고도 한다.

③ 분기 리뷰

한 단계 상위의 비즈니스 평가로, 마케팅 전략의 방향성을 결정하는 것이 목적인 3개월 단위의 리뷰이다. 일간·주간·월간의 각 리뷰를 조감하는 역할을 하며 1년 후 목표 등의 로드맵을 작성한다.

4-4 ≫ PDCA를 플랫폼화한다

  이상으로 빅 KPI에 의한 운용의 기본을 기술했다. 이러한 결과를 실제 비즈니스에 적용하려면 데이터를 일원적으로 통합 관리하고 장기적으로는 시스템화하여 운용을 자동화할 필요가 있다. 빅데이터의 활용과 같이 고객 한 사람 한 사람에 대하여 특화하면 취급 데이터가 현격히 증가하게 된다. 또 모든 것을 수작업으로 하다 보면 오류도 생기고 일손이 아무리 많아도 부족해진다.

  게다가 데이터가 이동하고 통합되는 과정에서 보안이나 개인정보 보호 문제가 생길 수 있다.

  다음은 플랫폼의 예로서 4개의 유형이다(도표 4.4).

① 온라인과 오프라인의 통합

  EC(전자상거래) 매장과 실제 점포에서 고객의 ID(식별 부호)를 각각 할당하여 별개로 운용하는 경우가 많다. 동일한 회사에서도 담당 부서가 다르면 예산 확보를 위해 실제 점포와 온라인 매장에서 고객을 서로 빼앗는 경우도 있다. 고객 입장에서는 필요한 상품이 손에 들어오기만 하면 어디서 구입하든 상관없는 일이다.

  이러한 과제에 대응하려면 고객 ID를 통합함으로써 실제 점포와 온라인 매장에서 구매 데이터를 공유하여 고객의 구매 동향을 파악할 필요가 있다. 그리고 각 고객에게 해당되는 시나리오에 따라 다이렉트 메일(DM)이나 메일 매거진(상품 안내 메일)으로 마케팅을 전개한다. 이러한 환경을 구축하면 KPI로 그 효과를 파악·개선할 수 있게 된다.

예를 들어 실제 점포와 온라인 매장 각각에서의 고객의 행동 특성, 고객 속성의 차이, 구매 상품의 차이 등을 규명하면 양쪽에서 효과적으로 제휴할 수 있다.

② 정량 데이터와 정성 데이터의 통합

플랫폼 구축의 목표는 정량적인 구매 데이터의 배경에 숨어 있는 고객의 본심을 찾는 것이다. ID-POS 데이터로 파악할 수 있는 구매 내용과 상품 혹은 매장 서비스 등에 관한 정성 설문조사에 대한 회답을 '개인'과 연계하여 분석하는 것이 그 목표가 된다.

● 질문
• 그 구매 행동은 무엇을 의미하고 있는가?

● 가설
• 매장의 서비스 만족도가 높다.
• 단순히 집에서 매장까지의 거리가 가까워서이다.
• 매장에 ATM이 있기 때문이다.

구매 데이터로는 파악되지 않는 질적인 의미를 찾는 것이 목적이다. 제3장에서도 언급했지만, 같은 구매 횟수라도 고객의 만족이나 기업측에 원하는 것은 다르다. 진의를 알아야 과제가 무엇인지 찾을 수 있다.

물론 본심을 파악하기 위한 설문조사를 대상자 전원에게서 받을 수는 없다. 통계적 관점에서 확대 해석을 한다. 비슷한 특징을 가진 그룹이라면 같은 본심을 가진 고객일 가능성이 높다고 간주한다.

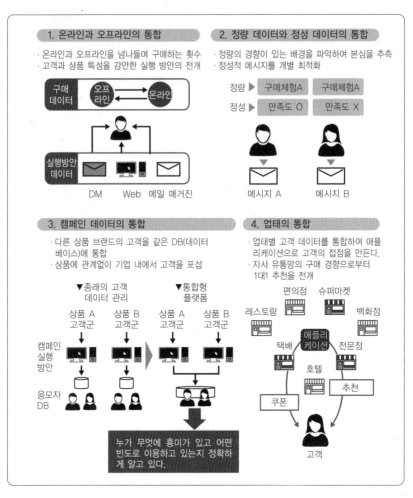

도표 4.4

③ 캠페인 데이터의 통합

기업이 여러 개의 상품 브랜드를 보유하고 있고 각 브랜드에서 개별적으로 캠페인을 실시하고 있는 경우를 상정해 보자. 일반적으로 캠페인을 통해 취득한 응모자의 데이터는 종료 후에 폐기되는 경우가 많다. 이러한 데이터를 고객별로 ID를 할당하여 통합한다. 그리고 각 브랜드에 관심이 있는 고객은 어떤 특징이 있는지, 캠페인에 지속적으로 참가하는 것이 구매에 어느 정도 영향을 주는지 등을 분석한다.

고객과 장기적으로 양호한 관계를 구축하거나 다른 브랜드의 구매 체험(크로스 셀)을 하는 경우 그 KPI의 효과를 파악하는 것이 목적이다.

④ 업태의 통합

대기업이 유통, 판매, 교통 등의 여러 사업을 제휴시키는 이른바 '옴니채널'이 이것에 해당된다. 각 업태의 고객 ID뿐 아니라 유통이나 판촉 등과 같은 기능도 통합해 나간다.

예를 들어 스마트폰 애플리케이션을 고객에게 제공하고 이를 그룹 공통의 '열쇠 핵심 정보'로 기능하게 하여 구매 행동의 데이터를 모은다. 이렇게 하면 고객의 구매 성향이 밝혀진다. 만약 특정 상품 카테고리에 관련된 구매가 전체 매출 향상에 효과적인 빅 KPI라면 그 구매 행동을 일으키기 위한 실행 방안을 연구힐 수 있다.

가령 어떤 고객이 항상 이용하는 근처 도심의 매장에서 마음에 드는 특정 상품을 구입한다고 하자. 그가 여름방학에 지방에 여행을 가서 같은 그룹의 호텔에 체크인하면 그 마음에 드는 상품의 쿠폰이 호텔 카운터에서 제공되는 것이다. 고객 입장에서 편리하고 기분 좋게 여겨지는 타이밍에 추천할 수 있다면 그룹 전체가 해당 고객과 장기적인 관계를 구축할 수 있다.

4-5 ≫ 데이터만으로는 모든 것을 이해할 수 없다

지금까지 KPI를 축으로 한 데이터의 실효성 여부와 그 실현 수단을 설명했다. 이 장에서 마지막으로 전하고 싶은 것이 있다.

'데이터만으로 고객의 모든 것을 이해할 수는 없다'라는 것이다.

필자 자신의 경험이다. 데이터베이스 마케팅 업무에 종사하기 시작했을 무렵 내점 고객을 늘리려는 목적으로 지역 한정의 테스트 광고를 실시했다. 약간 긴 텔레비전 CM, 이른바 '인포머셜'을 집중적으로 방영하고, 주말에는 설정한 상권 내 신문에 전단지를 끼워 배포하는 방안이었다. 고객의 내점이 많은 주말에 가까워질수록 인포머셜의 양을 단계적으로 증가시켜 순간적인 인지도 형성을 목표로 했다.

광고의 내용도 고객에게 '기억'시키기보다 '행동'을 우선한 메시지와 디자인으로 제작했다. 직접적인 내점 행동의 획득을 의도했던 것이다. 신규와 함께 내점이 뜸해지고 있는 고객층의 활성화도 노렸다.

1일당 내점자 수는 대폭 증가했지만…

결과적으로 1일 내점자 수는 매장의 피크 타임에 1.5~3배로 대폭 증가했다.

필자는 내점시 앙케트의 회답 내용을 근거로 일별 광고량과 내점자의 데이터를 연계하여 효과를 검증했다. 미디어가 내점에 미친 효과, 내점자의 신규·기존의 비율, 구매 상품과 이용 서비스와의 상관성 등을 평가한 리포트를 작성하여 의기양양하게 고객 회사에 보고하러 갔다.

고객사가 틀림없이 기뻐해 줄 것으로 기대했으나 정반대였다. 화가 단단히 나 있었다. 어떻게 된 일일까?

필자는 매장의 실태를 파악하지 못하고 있었다. 상품에 대한 고객의 이해를 촉진하기 위해서는 어느 정도의 대응 시간이 필요했는데, 단시간에 고객이 밀어닥치니 접객 시간이 짧아지고 서비스의 질이 떨어지고 있었다. 그로 인해 손님은 증가했지만 정작 중요한 매출에는 거의 변화가 없었던 것이다. 모처럼 찾아온 단골도 서둘러 돌아가 버렸다고 한다.

상품의 특징은 이해했지만 실제 비즈니스가 어떤 판매 원리나 노하우로 성립되고 있는지 이해가 부족했다는 것을 깨달은 순간이었다. 만일 다시 할 수만 있다면 내점 시간을 분산시키는 광고를 기획하거나 내점 전에 고객이 상품에 대해 어느 정도 이해할 수 있는 방법을 검토해 보는 등 완전히 다른 입장에서 검토할 것이다. 고객과 함께 목표 달성에 임하는 자세가 부족했음을 반성했다.

'현장을 무시하면서 데이터만 내세워서는 안 된다.'

이것은 내 경험으로 얻어낸 것이다. 그 이후 고객으로부터 데이터를 받고 분석에 착수하기 전에 주의를 기울이는 것이 있다. 유통업이면 계산 담당자, 매장에서 매일 고객과 접하고 있는 분, 콜센터에서 고객의 클레임을 계속해서 받고 있는 분 등과의 인터뷰를 가능한 한 많이 하는 것이다. 날마다 최전선에서 고생하고 있는 분들의 생각이나 과제 의식, 피부로 느끼는 문제에 대한 이해 없이는 데이터를 만져서는 안 된다고 생각하게 되었다.

최전선을 분명히 이해하고 있으면 적절한 데이터 분석의 설계가 가능해져 보고할 때의 설득력도 훨씬 증가한다.

제5장

고객 창출 능력
10가지의 발견

5-1 ≫ 10가지 발견이란

'아무리 분석을 해 봐도 이미 알고 있는 내용밖에 나오지 않는다', '무엇을 분석해야 좋을지 잘 모르겠다'라는 상황을 경험했던 적이 없는가? 실제로 필자도 이러한 상담을 자주 받는다.

필자는 자동차, 식품, 보험, 유통, 운수 등 여러 업종의 데이터에 대해 마케팅 분석을 했다. 이런 경험으로 데이터 분석에는 공통점이 있다는 것을 알게 되었다.

과제 해결을 위한 '시사점'을 얻기 위해 효과적인 분석의 시점을 다음 10가지 항목으로 체계화했다. 실제로 데이터 분석 업무에 적용해 보면 이 10가지 항목으로 분류할 수 있다.

① 구매의 기본 행동을 안다.
② 누가 무엇을 구매하고 있는지를 안다.
③ 접점·상품·인센티브와 구매의 관계를 안다.
④ 지역과 매출의 관계를 안다.
⑤ 누구를 위한 구매였는지를 안다.
⑥ 구매의 흐름을 안다.
⑦ 구매의 주기를 안다.
⑧ 휴면 고객의 상태를 안다.

⑨ 충성도를 높이는 방법을 안다.

⑩ 첫 구매와 LTV(고객 생애 가치)의 관계를 안다.

독자 여러분도 이것을 참고한다면 분석의 실마리를 잡을 수 있다. 즉 과제를 파악한 후 데이터를 가시화하여 실행 방안을 만들 수 있다.

5-2 >> 고객을 구조화한다

① 구매의 기본 행동을 안다

고객의 구매 동향을 파악하기 위해서는 데이터를 인식하는 것부터 시작한다. 목적은 자사의 고객 규모, 신선도(얼마나 최근에 구매했는가), 구매 가능성(포텐셜)을 파악하여 구조화하는데 있다.

여기서는 디실(Decile) 분석과 RFM 분석이 중심이 된다. 디실 분석이란 모든 고객을 10개의 그룹으로 구분하여 자사의 비즈니스에 공헌하는 구매의 특징을 그룹별로 파악하는 수법이다. '디실'은 라틴어로 10등분이라는 의미이다. 그리고 RFM 분석은 고객의 최근 구매 시기(Recency), 구매 빈도(Frequency), 누적 구매 금액(Monetary)의 동향을 파악하는 것이다. 고객의 수는 물론 우량 고객이나 휴면 고객을 특정하는 것도 가능하다.

여기서는 RFM 분석으로 '구매의 기본 행동'을 파악하는 방법을 설명한다.

RFM 분석으로 고객을 구조화할 때는 '최근 구매 시기', '구매 빈도', '구매 금액' 중 어떤 것을 데이터 항목으로 하고 어디에 기준값을 설정할 것인지 결정해야 한다. 업종이나 상품 서비스의 특성에 따라 그 설정 내용이 달라진다. 최종적인 목표가 매출 확대인 경우 구매 금액은 필수적이다.

유통업의 예를 소개한다. 어떤 지역에서 제일 큰 판매 비중을 차지하는 슈퍼마켓의 예로, 구매 금액과 구매 빈도 그리고 최근 구매 시기를 조합했다.

도표 5.1을 살펴보자. 먼저 기준을 어떻게 잡을 것인지가 중요하다.

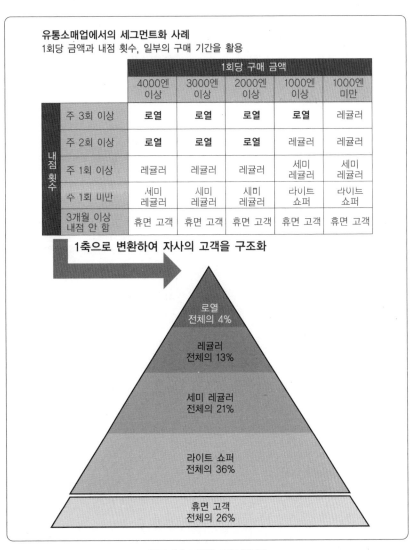

유통소매업에서의 세그먼트화 사례
1회당 금액과 내점 횟수, 일부의 구매 기간을 활용

		1회당 구매 금액				
		4000엔 이상	3000엔 이상	2000엔 이상	1000엔 이상	1000엔 미만
내점 횟수	주 3회 이상	**로열**	**로열**	**로열**	**로열**	레귤러
	주 2회 이상	**로열**	**로열**	**로열**	레귤러	레귤러
	주 1회 이상	레귤러	레귤러	레귤러	세미 레귤러	세미 레귤러
	주 1회 미만	세미 레귤러	세미 레귤러	세미 레귤러	라이트 쇼퍼	라이트 쇼퍼
	3개월 이상 내점 안 함	휴면 고객	휴면 고객	휴면 고객	휴면 고객	휴면 고객

1축으로 변환하여 자사의 고객을 구조화

로열
전체의 4%

레귤러
전체의 13%

세미 레귤러
전체의 21%

라이트 쇼퍼
전체의 36%

휴면 고객
전체의 26%

도표 5.1 고객을 구조화한다

구매 금액은 1회당 평균 구매 금액(고객 단가)을 참고하여 1000엔, 2000엔, 3000엔, 4000엔으로 기준값을 설정했다.

구매 빈도는 내점 상황 주 1회, 주 2회, 주 3회의 기준값을 설정했다. 최근 구매 시기는 최근 3개월 이상 내점이 없다는 지표도 사용했다.

이 표를 보면 주 1회의 내점이지만 1회당 구매 금액이 4000엔 이상인 고객이 몇 명인지 알 수 있다. 또 구매 금액이 4000엔 이상이지만 최근 3개월간 내점하지 않은 고객이 몇 명 있는지도 파악할 수 있다. 최근 내점하지 않는 고객의 비율이 증가한 경우 근처에 경쟁 점포가 생겼을 가능성이 있다고 추정할 수 있다.

2축 평가는 고객의 행동을 파악하기 어렵다. 그래서 1축인 피라미드형으로 재설정 했다(도표 5.1의 아래쪽 그림). 이 경우에는 다음과 같이 고객을 5가지로 분류했다.

- 로열 : 방문 빈도도 구매 금액도 높은 특별한 고객
- 레귤러 : 일상적인 이용이 정착되어 있는 이상적인 고객
- 세미 레귤러 : 경쟁 점포와 자사 점포를 동시에 이용하는 일반적인 고객
- 라이트 쇼퍼 : 경쟁 점포를 주로 이용하고 자사 점포를 가끔 이용하는 고객
- 휴면 고객 : 자사 점포를 이용하지 않고 이탈한 고객

매출의 대부분은 '로열'과 '레귤러'가 차지하는데, 매출을 더욱 늘리기 위해서는 어떤 그룹을 유지하거나 촉진할 것인지 결정하는 식으로 진행하면 실행 방안을 설계하기 쉬워진다.

일반적으로는 먼저 일상적인 이용이 정착되어 있는 레귤러 고객을 늘린다. 그리고 휴면 고객의 특징을 이해하는 것도 중요하다. 이 그룹에는 최근까지 충성도가 높았던 고객도 많이 존재하므로 그들의 행동 특징을 파악하는 것이 중요하다.

이와 같이 고객을 구조화함으로써 고객 수, 점포와의 관계에 있어 신선

도, 구매 잠재력을 파악할 수 있다. 이렇게 해서 찾아낸 고객 구조를 축으로 하여 다양한 데이터 요소를 조합함으로써 구매 행동의 특징을 파악해 나간다.

② 누가 무엇을 구매하고 있는지를 안다

고객은 무엇을 사고 있을까? 고객 그룹, 성별·연령대, 직업 등과 상품과의 관계성을 데이터에서 파악함으로써 효율적인 판촉 활동을 할 수 있다.

구체적으로는 '주력 상품을 많이 구매하는 연령대', '로열층은 구매하지만 라이트 쇼퍼층은 구매하지 않는 상품', '회사원이 구매하는 상품', '주부가 구매하는 상품' 등과 같이 구분할 수 있다. 고객 그룹을 보다 높은 레벨로 이동시키려면 어떤 상품에 주목하면 좋을지, 어떤 고객에게 무엇을 추천하면 좋을지 하는 타깃 설정 등에 시사점을 얻을 수 있다.

한 화장품 판매점의 예를 소개한다. 신상품을 발매할 때 사전 가설과 상품의 사양을 고려하여 타깃 고객층을 '20·30대의 일하는 여성'으로 정하고 판촉 활동을 실시했다. 그런데 발매 후 살펴보니 50대 이상 중장년층의 구입이 상당히 많았다. 그래서 판촉 활동을 '중장년 여성'에 집중했더니 그 때까지 상품을 인지하지 못했던 중장년 여성이 매장을 찾으며 매출 향상에 공헌하게 되었다.

다른 식품 통신판매회사에서는 신규 고객이 잘 구매하는 항목을 알게 되었다. 구체적으로는 명란이나 연어 알과 같이 먹음직해 보이고 충동적으로 먹어 보고 싶어지는 상품이다. 한편 '로열'과 같은 상위의 그룹에 있는 고객이 잘 구입하는 상품의 특징도 있다. 시즈오카의 고급 차와 같이 습관적으로 구매하게 되는 미식가를 위한 상품 등이다.

이러한 것을 파악하고 있으면 신규 고객을 확보하기 위해서는 가령 명란이나 연어 알과 같은 상품을 자주 노출시킨다. 또한 첫 구매를 한 지 얼마 안되었지만 지속적으로 구매해 주기를 바라는 고객에게는 시즈오카의 차와 같은 상품을 추천해 볼 수 있다.

이 파트에서는 우량 고객화의 계기가 되는 상품, 크로스 세일(동시 판매)에 공헌하는 상품, 고객 단가 향상에 공헌하는 상품 등을 찾아낸다.

③ 접점·상품·인센티브와 구매의 관계를 안다

고객이 직접 구매하는 접점은 어디에 있고, 그때 어떤 인센티브가 계기가 되어 어떤 상품을 구매했는가? 이러한 시점에서 데이터를 분석하면 고객을 움직이는 요소를 알 수 있다. 여기서 말하는 접점이란 텔레비전, 신문, 웹 등의 미니어를 시청하는 경우도 있고 점포나 전화 등의 주문 경로를 가리키는 경우도 있다. 말하자면 상품·서비스와 고객과의 만남의 장이다.

인센티브는 '지금 사면 10% 할인', '지금 사면 샘플 세트가 무료', '3개 사면 ○○을 선물' 등과 같이 고객의 구매를 유도하는 장치다.

이와 같이 접점, 상품, 인센티브 등에 의한 구매력의 차이를 각각 데이터에서 평가하여 판촉 활동 등에 활용한다.

어떤 통신판매회사는 광고에 전화번호와 웹 사이트 주소를 표시하여 주문을 직접 받고 있다. 고객이 순간적으로 '갖고 싶다'고 느끼도록 상황을 만들고 주문하도록 해야 한다. 즉 상품력은 원래 논리적으로 고민한 창의적 표현이 열쇠를 쥐고 있는 것이다.

텔레비전 CM을 보고 구매한 고객의 수는 매우 많지만, 1회당 구매 상품 수는 적고 고객 단가는 낮았다. 한편 신문을 경유한 구매 고객 수는 상대적으로 적지만, 상품 수와 고객 단가는 높았다.

이러한 차이가 발생한 배경은 정보의 질과 양이 다르기 때문일 것이다. 텔레비전 CM은 많은 사람이 보기 때문에 구매하는 고객 수도 많다. 그러나 매우 짧은 접촉 시간에 흥미를 가져 충동적으로 구매하는 경우가 많을 것이다. 즉 상품에 대한 이해도나 흥미의 정도가 낮을 가능성이 있다.

신문이나 웹의 경우는 한 번에 전달할 수 있는 정보량이 많고 관심을 가진 고객이 상품 정보를 접촉하는 시간이 길다. 웹에서는 다른 상품과의 비교도 용이하여 상품에 대해 비교적 깊이 이해하는 것이 구매 수량과 금액이 증가하는 요인이 된다.

텔레비전 CM을 본 다음 신문이나 웹에서 다시 접하는 경우도 있다. 이 경우는 텔레비전에 의해 얻은 '인지'가 계기가 되어 신문이나 웹에서의 구매력 향상에 기여하고 있다.

흥미로운 것은 신문 광고 면적의 크기와 상품 단가의 관계다. 같은 상품으로 신문의 전면 광고를 한 경우와 3분의 1광고를 하는 경우 게재하는 상품 구성을 바꾸기도 한다. 지면이 큰 경우는 상품 1개월분에 5000엔으로 설정해도 충분히 고객을 유치할 수 있지만, 후자는 샘플 1주분 1500엔으로 하는 편이 고객을 유치할 확률이 높아진다. 지면의 크기는 상품의 소개 내용에 영향을 미친다. 말하자면 고객의 상품에 대한 이해도는 판매 방법에 영향을 미치는 것이다.

인센티브의 예도 소개한다. '지금이라면 첫 구매시 1000엔 할인! 게다가 멋진 파우치도 선물로 드립니다!'와 '지금 구입하면 특별히 50% 할인'이라는 2가지 인센티브로 비교 판매를 했다. 어떤 상품은 전자 쪽이 많은 반응을 얻었다. 할인액은 적었지만 고객이 이득을 보는 듯한 느낌이 들어서일 것이다. 이처럼 판매 가격을 보여주는 방식은 고객의 인센티브에 크게 영향을 미친다.

④ 지역과 매출의 관계를 안다

고객의 거주 지역과 구매 경향을 연계하는 것이다. 점포로부터 고객의 거주지까지의 거리와 거주지의 주변 환경이 구매에 어떤 영향을 미치는지 파악할 수 있다.

이 경우에 개인 정보는 이용하지 않는다. 예를 들어 아파트 이름, 번지,

호수 등 개인을 특정하는 정보는 삭제하고 우편번호를 이용한다. 우편번 호만으로도 시구읍면에 1번지, 2번지 등으로 세분화하여 분석할 수 있다.

소비재를 판매하는 한 유통업을 예로 들어 보자. 점포에 가까운 지역에 거주하는 고객은 내점 횟수가 많지만 1회당 구매액은 적었다. 반대로 멀 리 거주하는 고객은 내점 횟수는 적지만 1회당 구매액이 크다.

이유를 찾기 위해 데이터 분석을 해보니 구매 상품 수가 관련이 있었 다. 그래서 고객의 거주지와 점포와의 거리에 따라 마케팅의 방향성을 바 꾸는 것을 검토했다. 점포에서 가까이 거주하는 고객에게는 '1점이라도 더 구입해 주세요.', 먼 경우는 '1번이라도 더 방문해 주세요.'라는 서로 다른 전략을 구사한다.

고객의 거주지를 가시화할 수 있는 지역 마케팅 툴도 증가하고 있다. 이것을 사용하면 가령 거주 지역별 라이프 스타일을 추정할 수 있게 된 다. 신흥 주백시라면 젊은 부부가 많고 역 근처에는 업무 중심의 독신자 가 많은 것으로 추정되는 식이다.

⑤ 누구를 위한 구매였는지를 안다

주부가 아이를 위해서 구매했는지, 멀리 떨어져 사는 가족을 위해서인 지, 혹은 자신을 위해서인지 등을 추측하는 것이 목적이다. 업종에 따라 서는 구매자와 이용자가 다른 경우도 적지 않다.

이것을 데이터로부터 읽어내려면 많은 고민이 필요하다. 구매 데이터 에는 누구를 위한 쇼핑인지 기록하는 항목이 없기 때문이다. 구매하는 상 품의 경향에서 추정하거나 설문조사로 파악하는 접근법이 있다. 상품이 대용량인가 소용량인가로도 세대의 규모를 추정할 수 있다.

예를 들어 어느 유통업의 잡화·인테리어 판매장에서 봉제인형이나 유 아용 식기 등의 어린이용 상품을 많이 구입하는 고객군의 가정에는 어린 아이가 있다고 추측할 수 있다. 이러한 고객군이 많고 고객 단가가 평균 을 웃도는 경우 구매를 활성화시킬 가치가 있다. 어린아이가 기뻐할 만한 인센티브를 이용한 캠페인을 검토해 본다.

어느 잡화점에서는 특정 카테고리에서 여성이 남성용 상품을 구매하는 비율이 높다는 것을 알았다. 당초 여성이 남성용 상품을 사용한다고 생각했지만 점포 밖에서 설문조사를 해보니 의외로 선물로서의 수요가 높았다. 그래서 여성을 대상으로 선물 구매를 촉진하는 실행 방안을 검토했다.

⑥ 구매의 흐름을 안다

고객이 시간의 흐름에 따라 어떤 구매를 하는지 나름대로 시점을 가져야 한다. 목적은 꾸준한 구매 고객을 확보하는 시나리오를 구축하는 것이다. 도표 5.2를 살펴보자. 상품 A를 짧은 기간 동안 2번 구매하도록 하는 것이 중요한 과제였다. 고객을 확보하는 시나리오가 있어야 해당 시나리오의 흐름에 따라 구매하는 고객이 어떤 특징을 갖고 있는지도 찾을 수 있다.

한 식품 판매점은 많은 고객이 1~2회까지는 동일 상품을 구입하고 3회 이후부터 다른 상품을 구매하기 시작한다는 것을 데이터에서 확인했다. 첫 구매는 광고를 보고 충동적으로 구매하고 두 번째는 맛이 좋아서 한번 더 먹고 싶어졌다고 추측할 수 있다. 세 번째 구매부터는 다른 제품의 맛도 궁금해졌을 것이다. 이것은 해당 점포의 브랜드 전체로 관심이 확대되고 있다는 것을 나타낸다.

여기서 실행할 수 있는 시사점이 있다. 첫 번째 구매자에게는 동일한 상품을 계속 구매하는 기회를 만드는 데 주력한다. 세 번째 이후에는 브랜드 전체를 광고하거나 점차 다른 상품의 노출을 늘려가는 시나리오를 만들 수 있다.

⑦ 구매의 간격을 안다

고객의 구매 간격을 데이터로 알 수 있다면 각각의 고객에 대하여 맞춤형 판촉 활동이 가능해진다.

전술한 식품업체에서는 특정 상품의 구매 간격이 약 40일간인 것을 알게 되었다. 이 데이터를 활용하여 해당 제품을 처음 구매한 고객이 기존

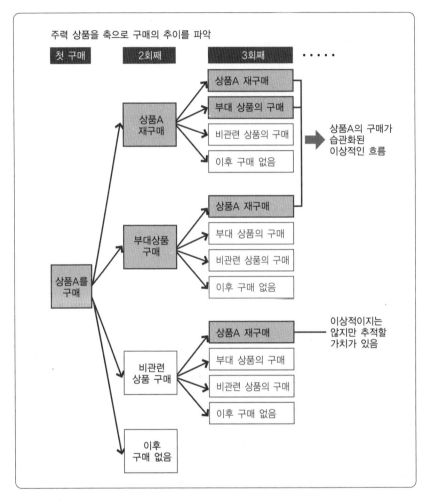

도표 5.2 구매의 흐름을 안다

고객과 같은 간격으로 구매하도록 습관화시키는 것을 목표로 삼았다. 결과적으로 2회째 구매에 도달하는 비율을 끌어올릴 수 있었다.

유명 브랜드의 양복, 구두, 관련 잡화 등을 판매하는 한 점포는 대체적으로 내점 간격이 비교적 길었다. 그런데 상의나 하의 등과 같은 메인 상품을 구입한 고객은 2주 정도의 짧은 기간이 지나면 재방문한다는 것을 데이터로 확인했다. 게다가 그 때는 이전에 구매한 상품과 동일한 디자인과 시리즈의 가방이나 액세서리를 추가로 구입했다. 가설이지만, 처음에는 브랜드에 대한 열망이 컸고 두 번째는 사용해 보고 마음에 들었기에 같은 디자인이나 시리즈의 상품을 사고 싶어졌을 것이다.

⑧ 휴면 고객의 상태를 안다

휴면 고객이 구매를 중단한 이유 등을 조사하는 것은 다른 고객의 이탈을 막는 데 목적이 있다. 이것은 매출을 유지하는 데 있어 중요한 일이다.

이유는 한 가지가 아닐 것이다. 경쟁 상품이나 서비스, 판매점이 나타났을지도 모른다. 고객이 이사했을 수도 있다.

그 중에서도 최종 구매시까지 충성도가 높았던 우량 고객이 이탈하는 경우를 주목해야 한다. '5.2 고객을 구조화한다' ①의 '구매의 기본 행동을 안다'에서 고객의 구조화에 대해 소개했는데, 여기서는 변칙적인 모델

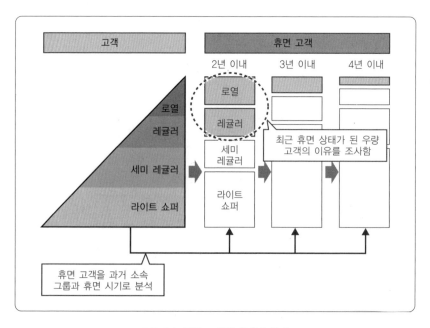

도표 5.3 휴면 고객의 상태를 안다

을 소개한다. 일반적인 피라미드형 고객 분류의 경우 휴면 고객의 수가 많기 때문에 이유를 파악하기 어렵다.

도표 5.3을 살펴보자. 휴면 고객을 최근 구매 시기(Recency)의 개념으로 '가로'로 펼쳐 본다. 이렇게 하면 우량 고객이었으나 이탈한 고객과 현재의 우량 고객과의 사이에 어떤 차이가 있는지를 찾아낼 수 있다.

데이터를 분석해 보면 메일 매거진의 수신, 주력 상품의 구매 체험, 속성(성별·연령대·직업) 등이 차이가 되어 나타나는 경우가 많다.

점포, 상품, 서비스에 대한 만족도 등 정성적인 데이터의 수집도 필요하다. 만족도가 낮은 고객이 어느 특정 시간대에 집중되어 있다면 그 시간대의 상품 구성이나 점원의 접객 태도를 철저히 검증해야 한다.

⑨ 충성도 향상의 열쇠를 안다

②에서 접섬·상품·인센티브와 구매와의 관계를 알기 위한 방법을 언급했다. 여기서는 특히 기업·상품·서비스에 대한 충성도를 높이기 위한 방법을 소개한다. 고객의 지속적 구매를 유도하도록 고객 그룹별 충성도를 중심으로 한 특징을 찾아내어 구매로 연결시키는 인센티브의 시사점을 얻는 것이 목적이다.

제3장 '고객은 뜻밖의 계기로 움직인다'에서 소개한 레스토랑의 식사 쿠폰을 발송함으로써 점포 전체의 매출을 끌어올린 경우가 여기에 해당한다. 상품이나 서비스 할인 쿠폰으로는 움직이지 않던 고객이 병설된 레스토랑의 식사 쿠폰에 반응한 것이다. 레스토랑에 대한 충성도가 높았기 때문에 효율적인 인센티브가 되었다고 볼 수 있다.

이러한 고객의 충성도의 특성을 데이터 분석에 의해 정확하게 파악할 수 있다면 인센티브에 의한 내점이나 구매 등과 같은 반응률을 높일 수 있다.

⑩ 첫 구매와 LTV의 관계를 안다

첫 구매 체험과 고객 생애 가치(Life Time Value, LTV)의 관계를 데이터로 연계하여 고객 한 사람이 일생 동안 구매하는 누적 금액을 끌어올리는 것이 목적이다. LTV는 마케팅에 있어 빅 KPI(핵심 성과 지표)로 사용되는 경우가 많다.

최초의 구매 체험이나 동기 부여의 차이가 이후의 LTV에 영향을 미친다. 상품에 대한 애착과 관심의 크기가 달라지기 때문이다. 예를 들어 주문 경로가 전화·엽서·웹 중 어떤 것인가도 LTV의 차이로 나타날 수 있다.

5-4 ≫ 10가지 시점을 체계화한다

이상이 '고객 창출 능력의 10가지 시점'이다. 고객의 동향 파악이 가능한 ID와 그와 연계된 구매 데이터 그리고 실행 방안의 실시 데이터 등을 이용한 기본적인 분석 시섬이다.

독자 여러분의 업종과 업무 그리고 활용 가능한 데이터의 종류 등에 따라 가시화할 수 있는 내용은 다를 것이다. 그러나 각자 목표로 삼아야 할 과제는 찾을 수 있을 것이다.

고객의 과제에 따라 분석 시점을 정리한 것이 도표 5.4다. 각각의 국면에서 시사점을 찾아내면 과제 해결을 위한 실행 방안을 연결시킬 수 있다. 자사의 제품이나 서비스에 대한 고객의 구매를 가정하여 '10가지 시점'을 시험해 보기 바란다.

도표 5.4 고객 창출 능력 10가지 시점의 구조화

제6장

데이터 분석은
사고력·팀워크로
라이벌을 앞선다

6-1 ≫ 분석에 필요한 '사고력'

지금까지 데이터 활용을 실제로 성공시키기 위한 실례와 접근 방법, '고객 창출 능력 10가지'라는 분석 시점에 대하여 설명했다. 독자 여러분의 비즈니스에 적용하여 과제의 해결책을 떠올린 분도 있을 것이다.

그러나 '데이터 분석과 가설 수립을 할 수 있는 인재는 어디에 있을까?', '우리 회사에서도 찾을 수 있을까?'라고 생각하는 분도 많을 것이다. 곧 프로젝트를 시작하려는 분이라면 더욱 그럴 것이다. 최근 데이터 해석 통계, IT, 비즈니스에 모두 해박한 데이터 사이언티스트가 주목받고 있지만, 그런 인재의 수는 매우 적은 것이 사실이다.

필자는 마케팅 등에서의 데이터 활용에서 가장 중요한 것은 '사고력'이라고 생각한다. 사물·사실·사람에 대하여 고찰을 전개하는 다음과 같은 능력이 무엇보다 요구된다.

- 과제를 정확히 인식하고 돌파하기 위한 가설을 찾아낼 수 있는가?
- 어떤 데이터를 사용하여 분석해야 할지 간파하고 PDCA를 돌릴 수 있는가?
- 의외의 '차이'에 주목하여 그것을 과제 해결을 위한 실행 방안으로 변환시킬 수 있는가?
- ROI(투하 자본 이익률)에 관한 투철한 의식이 있는가?

데이터 분석에 있어서 사고력에 관하여 좀 더 구체적으로 이미지를 펼쳐 보고 싶다. 데이터 분석에 관한 교육을 하는 히타치 인포메이션 아카데미·비즈니스 연수부의 다나카 다카히로씨와 다이코쿠 겐이치씨다.

놀라움을 찾아내는 사고력

히타치 인포메이션 아카데미는 히타치제작소 정보 통신 부문의 연수 전문 회사로 출범하여 동사 혹은 고객 기업의 수강생들을 대상으로 오랜 기간에 걸쳐 인재를 육성하고 있다. 데이터 활용 연수에서 강사 역할을 맡은 다나카씨와 다이코쿠씨는 이렇게 말한다.

"가장 요구되는 것은 과제 해결력과 커뮤니케이션 능력이다. 그런 다음 통계 기술을 연마해야 한다."

여기서의 커뮤니케이션 능력이란 여러 이해 관계자의 입장을 반영하면서 의사 결성자를 감농시킬 수 있는 능력을 말한다.

필자도 동감이다. 분석하는 데 있어 미리 수립된 가설을 사고하고 입증하는 힘과 의외의 결과가 갖는 의미에 대한 고찰 능력이 중요하다.

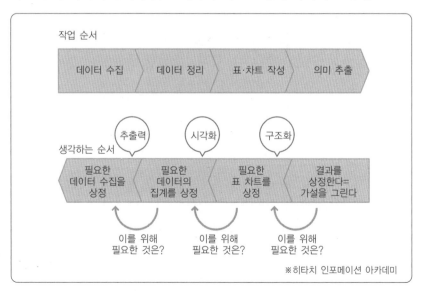

도표 6.1 분석 계획시 요구되는 사고력

127

도표 6.1을 살펴보자. 두 사람은 '데이터 분석에는 의사 결정자를 놀라게 할 발견을 하기 위한 비법이 숨어 있다'라고 말한다. 또한 중요한 것은 그 과정이며 '작업의 순서는 흔히 생각하는 순서와는 반대'라고 단정한다.

데이터 분석 작업은 '데이터 수집 ⇒ 데이터 정리 ⇒ 표·차트 작성 ⇒ 의미 추출'의 흐름이 일반적이다. 한편 생각하는 순서는 '결과 상정=가설 수립 ⇒ 필요한 표·차트 상정 ⇒ 필요한 데이터의 집계 상정 ⇒ 필요한 데이터의 수집 상정'이 된다.

처음에는 가설의 설정에서 시작하는 것이 중요하다는 것을 알 수 있다. 데이터 분석은 목적에 대하여 '무엇이 가장 명쾌한 설명이 될 것인지' 그 조합을 규명해 가는 작업이라고도 할 수 있다.

분석 결과의 해석에 관하여 질문했다. 이 때 요구되는 능력은 어떤 것을 들 수 있을까?

"그래프의 외형에 드러나는 상관성만을 보는 걸로는 부족하다. 거기에 있는 공백은 무엇을 의미할까? 데이터가 없는 곳, 보이지 않는 곳을 고찰할 수 있어야 한다."

"어떤 견해(분석 시점)의 축을 생각할 수 있는지 분명히 인식하고, 그 축의 카드를 여러 개 갖고 있는 것이 중요하다."

"비교 고찰을 다양하게 할 수 있는 생각 패턴을 내재화해야 한다."

"과제 설정을 통해 비교하려면 과제와 데이터의 정밀도를 높여야 한다."

역시 필자의 생각과 일치한다. 특히 마지막 정밀도의 문제는 간단한 것 같으면서도 어렵다.

예를 들어 슈퍼마켓에서 상품이 팔리는 방식을 파악하고 싶다고 하자. 상품 수가 너무 많아 보통은 부문·대분류·중분류·소분류·개별 단위의 상품으로 나뉘므로 어떤 기준으로 볼 것인지 판단이 필요하다. 음료 카테고리와 생활 잡화 카테고리라는 대분류로 할 것인지, 특정 제조사의 맥주(500밀리리터)와 특정 제조사의 종이 기저귀라는 소분류로 할 것인지 보는 레벨에 따라 '발견'의 내용이 전혀 달라진다.

클라이언트 설득법

히타치 인포메이션 아카데미의 다나카씨와 다이코쿠씨에게 마지막으로 클라이언트를 설득하기 위한 조언을 부탁했다.

여기서의 금언은 '보고하는 상대의 지위에 따라 KPI(핵심 성과 지표)가 다르다'라는 것이다.

- 사업 추진 창구 및 담당자는 자신의 업무 최적화가 중요하다.
- 그의 상사인 부장은 부서 단위의 최적화가 관심사다.
- 그 위의 임원은 경영 자체가 관심사다.

클라이언트로부터 데이터 분석을 위탁받은 기업은 누구에게 보고해야 할까? 필시 대부분은 사업 추진 담당자일 것이다. 그러나 최종 판단을 내리는 것은 그의 상사이다. 즉 상사의 관점, 경영의 관점까지를 감안한 KPI, 과세나 가설의 설정과 해결의 방향성을 클라이언트의 접촉 담당자에게 명확히 제시하고 합의해야 한다.

이것은 클라이언트의 담당자에게나 우리와 같이 데이터 분석 결과를 프레젠테이션하는 사람에게 있어 중요한 관점이다.

데이터뿐 아니라 비주얼과 전달력도 중요하다

여기서는 관점을 바꿔 스포츠를 일례로 들어 설명하겠다. 스포츠에서 상대를 이기기 위해 데이터를 활용하는 것은 오래 전부터지만, 그 데이터를 어떻게 분석하고 있는지는 별로 알려져 있지 않다. 그래서 일본 여자 배구팀의 수석 애널리스트인 와타나베 게이타씨에게 물어보았다.

와타나베씨는 야나기모토 쇼이치마에 감독에게 발탁되어 일본 여자 배구팀의 데이터 분석을 주업무로 하고 있다. 시합 중에는 관객석에서 오로지 플레이 동향의 데이터를 입력하여 실시간 분석을 실시하고 있다.

시합 중에 마나베 마사요시 감독이 아이패드를 한 손에 들고 지시를 내리는 장면을 본 적이 있겠지만, 와타나베씨는 거기에 '코트에서 지금 일어나고 있는 현상과 다음에 일어날 일'을 전하고 있는 것이다. '상대의 서브

리시브가 흔들리면 어택은 왼쪽에서 할 확률이 높다' 등이 그 일례이다.

2012년 런던 올림픽에서 일본 여자 배구는 28년만에 동메달을 획득했다. 데이터 분석도 그 쾌거에 적지 않은 공헌을 했다고 생각한다.

등번호를 바꾸다

런던 올림픽에서는 당연히 많은 상대국들도 데이터 분석을 중시하기 때문에 일본팀의 데이터도 축적되어 있었다. 전 회 올림픽부터 4년간 데이터를 축적해 놓은 국가도 있었다고 한다. 여기서 마나베 감독은 묘수를 두었다. 올림픽 직전에 일본 선수의 등번호를 바꾼 것이다. 결과적으로 등번호와 플레이를 연결하여 파악하던 상대국의 데이터 애널리스트가 혼란을 일으켜 수습하는 데 상당한 어려움을 겪었다고 한다.

반대 입장에서 보자면 변칙적인 전술에는 제어할 수 없는 일이 발생하여 데이터 활용이 무력화될 가능성이 있음을 명심해야 할 것이다.

필자는 와타나베씨와의 대화 후에 다음과 같은 사실을 깨달았다.

"먼저 사람을 봐라! 그리고 전달 방식이 중요하다!"

데이터를 분석하기 위해서는 먼저 상대를 봐야 한다. 와타나베씨는 다음과 같이 말한다.

"데이터를 다른 사람에게 전달하기 위해서는 그 정보로 상대가 움직일 생각이 들 정도의 '열의'가 필요하다. 사람과 사람이 대면하여 유용한 정보를 진심으로 전하는 자세를 중시하고 있다. 현장을 존중하고, 숫자에만 사로잡히지 말고, 사람을 보는 것도 매우 중요하다."

대표 선수는 일본의 배구 선수의 정점으로, 선천적 재능과 노력으로 익힌 기술을 갖추고 있다. 단, 선수는 인간이다. 프라이드도 있다. 최상의 컨디션일 때도 있지만 그렇지 않을 때도 있다. 기계적으로 도출한 분석 결과만을 바라보며 예측해도 그대로 되지 않는 경우가 많다.

그때 그때 상황이 다르다. 그렇기 때문에 가장 먼저 사람을 본다. 데이터 분석 결과는 잠시 접어두고 데이터 애널리스트로서 상황에 따른 해석

· 전달 방식이 중요하다고 말한다.

와타나베씨가 주장하는 '전달 방식'에서 필자가 중요하다고 느낀 포인트는 다음과 같다.

전달 방식의 순서와 타이밍에 의미가 있다

상대국이 다르면 싸우는 방법이 크게 바뀐다. 데이터나 정보의 신선도도 중요하지만 다음에 맞설 상대국의 정보를 적절한 사람에게 적절한 순서와 타이밍에 전달해야 한다.

이것은 히타치 인포메이션 아카데미의 두 사람에게 조언받은 '클라이언트 설득법'과도 통하는 면이 있다. 말하자면 마케팅에도 동일하게 적용될 수 있는 것이다.

시각에 직관적으로 호소한다

"여성은 한 번 보고 판단하는 감각·감성이 뛰어나다. 그러므로 가능한 한 숫자의 나열이 아닌 감각에 호소해야 한다."

어떤 그래프에 어떤 색상을 써서 어떤 말을 첨가할 것인가? 목표는 '상대에게 전하는 것'이 아니라 '전해지는 것'이다. 고된 연습을 반복하는 선수들에게 있어 때때로 앉아서 하는 공부는 지루하게 느껴지는 일이다. 집중력을 잃지 않고 귀를 기울일 수 있도록 알기 쉽게 전달하는 방식을 고민하고 있다고 한다.

당연히 여성뿐 아니라 남성 또는 클라이언트에게 설명할 때도 마찬가지 배려를 해야 한다. 필자도 특히 기획서는 그림책을 그리듯이 명확한 이미지를 갖도록 만들어야 한다고 생각한다.

전달하는 정보의 양은 과하지 않게

정보가 지나치게 많아도 안 된다. 정보에 따른 플레이를 지나치게 의식하면 평소 실력이 나오지 않을 수도 있다. 특히 선수나 팀에 있어 부정적인 정보는 조심하는 것이 좋다고 한다. 상대의 상황이나 입장을 고려하면서 데이터 분석의 결과와 그 해석을 전한다. 데이터를 활용하는 우리에게도 중요한 관점이다.

'사실'보다 한 발 더

숫자를 숫자 그대로 전한다 해도 현장에서는 무용지물이다.

"서브 득점 결정률이 10%밖에 안 돼서 목표값보다 낮아." 이렇게 사실만을 있는 그대로 전달하면 막상 선수들은 어떻게 해야 할지 몰라 우왕좌왕할 수도 있다. '앞으로 1세트당 2점은 서브 득점으로 해보자.'라는 말이 훨씬 선수의 피부에 와닿는다.

데이터는 계기이고 분석은 수단이다. 의미 있는 정보를 전달하여 시합에 이기는 것이 목표다. 매일 고민한 끝에 내놓은 대답은 바로 데이터 애널리스트의 '사고력'의 결정체다.

스포츠의 세계와 고객을 획득하는 마케팅의 세계는 다르지만 밑바탕에 있는 것은 동일하다. '선수'를 '기업의 판매 담당자', '상대국'을 '소비자'로 바꿔 읽어 데이터 전략의 힌트로 삼기 바란다.

와타나베씨의 말 중에 필자의 마음에 지금도 남아 있는 것이 있다.

"사람과 사람이 마주보고 진심으로 유용한 정보를 전하려는 자세를 견지하고 싶다. 선수 개개인에게 데이터 분석 결과와 거기에 기초한 전략을 전할 수 있는 타이밍은 극히 제한되어 있다. 무엇을 어떻게 전하면 좋을까? 미팅 전에는 먹지도 자지도 못하고 고민한다."

이상은 와타나베 게이타씨의 저서인 「데이터를 무기로 승리하기 위한 통계학」(다이아몬드사)에서도 참고했다.

6-2 » 데이터 분석을 성공시키는 '팀워크'

지금까지 필자가 자세히 설명하지 않은 것이 한 가지 있다. 그것은 '팀워크'이다.

데이터 분석에 관련된 기업의 팀, 즉 조직 구성은 다양하다. 예를 들어 니케이BP사의 「빅데이터 총람」(니케이 빅데이터 편)에서는 '전문 조직형', '사업 부문형', '시스템 부문형' 등 복수의 패턴으로 분류하고 있다.

필자는 이러한 조직 체제를 갖고 있는 기업의 고객이자 분석 비즈니스의 파트너 입장에서 관계를 맺고 있다. 그러면서 데이터 활용 프로젝트를 원활히 추진하여 비즈니스의 과제를 찾아내고 해결할 수 있는 '강한 팀'의 7가지 특징을 알게 되었다. 앞으로 데이터 분석에 착수하려는 기업의 사업 부문은 물론 그것을 지원하는 시스템 부문, IT벤더 등에게도 참고가 되기를 바란다.

① 다양한 것을 연결지을 수 있다

사람과 사람, 데이터와 데이터, 사업체와 사업체 등을 가설이나 분석 결과를 근거로 연결지을 수 있다.

② 비즈니스 과제에 대한 가설을 수립한다

다각적인 시점에서 비즈니스 과제를 해결할 수 있는 가설을 수립하고 그 가설에 기초하여 얻은 데이터 분석 결과를 정확하게 해석할 수 있다.

③ PDCA로 프로젝트를 추진할 수 있다

데이터의 가시화, 분석, 고객에 대한 실행, 평가·개선이라는 일련의 PDCA 프로세스를 강력하게 추진할 수 있다.

④ 마케팅 실행 방안을 IT에 연계할 수 있다

다양화되고 급증하는 데이터를 분석하기 위한 테크놀로지를 이해하고 적절한 환경을 구축하는 능력이 필수가 되고 있다. 분석 프로젝트의 PDCA 사이클이 안정되었을 때는 시스템에 의한 자동화 국면이 된다. 이러한 마케팅과 IT를 연계시키는 능력이 요구되고 있다.

⑤ 분석 결과를 올바르고 알기 쉽게 전달한다

데이터 분석에서는 다양한 결과가 나온다. 이것을 비즈니스의 과제를 발견하여 해결하는 관점에서 올바르고 알기 쉽게 전해야 한다. 양질의 가설을 검증하고 참신한 해석이 가능하다면 더욱 좋다. 분석 결과의 프레젠테이션은 다음 단계에 무엇을 해야 하는지 알 수 있는 명확한 것이어야 한다.

⑥ 현장을 존중한다

현장이란 점포나 콜센터 등 고객과 접촉하는 최전선이라고 바꿔 말할 수 있다. 마케터는 물론 데이터 분석 실무 담당자, 기술 지원팀 등이 현장을 중시하고 '어떻게 해야 현장을 지원할 수 있는지'를 항상 고민하는 것이 중요하다.

⑦ 최적의 상태를 끊임없이 요구하는 강한 의지가 필요하다

팀 전체가 최적화의 여지를 계속 탐구하고 깅힌 의지로 PDCA를 돌릴 수 있다. 분석력을 무기로 과제 해결을 추진하려면 무엇보다 지속성이 필요하다.

6-3 ≫ 회사를 초월한 팀 제휴

지금까지 언급한 ①~⑦을 한 사람이 해내기는 어렵다. 프로젝트팀의 핵심은 데이터 활용의 기본을 이해하고 마케팅 전략 설계가 가능한 스태프, 분석 통계학에 해박한 지식과 기술을 갖고 있는 스태프다. 그리고 데이터베이스 엔지니어링의 스킬이 있는 스태프, PDCA를 추진할 수 있는 스태프 등 프로젝트에는 다양한 관계자가 참가한다. 모두가 서로 이해하고 자극하여 개인과 그룹의 수준을 끌어올려 나가는 것이 바람직하다.

또한 폭넓은 노하우가 필요해지면 필연적으로 회사의 벽을 뛰어넘은 팀 제휴가 요구되는 경우도 있다. 구체적인 사례가 있어 몇 가지 소개한다.

마켓 인텔리전스 래버러토리(Market Intelligence Laboratory)

하쿠호도의 빅데이터 마케팅 추진팀과 히타치제작소의 스마트 비즈니스 이노베이션 래버러토리는 2013년 봄, 빅데이터의 유익한 활용을 위해 '마켓 인텔리전스 래버러토리'라는 팀을 결성했다.

빅데이터의 활용에서 테크놀러지와 마케팅은 떼려야 뗄 수 없는 관계가 되어 각각의 과제를 신속히 해결할 필요가 있다. 따라서 이 래버러토리에서는 IT와 마케팅의 융합을 시도했다. 히타치제작소가 주로 데이터의 가공과 해석의 노하우를 담당하고 하쿠호도는 주로 마케팅, 가설의 구축, 사업 개발의 지원을 담당한다.

실은 필자도 이 팀에 참가하고 있는데, 쌍방이 깊은 신뢰 관계를 바탕으로 밀접하게 제휴하고 있어 고객 기업의 문제를 해결하는 데 있어 최상의 팀임을 실감하고 있다.

매출 예측 연구소 UREDAS

산학 공동 스터디 그룹으로서 싱크탱크인 유통경제연구소, 요코하마국립대학, 하쿠호도 프로덕트, 소셜 데이터 제공자로서 NTT 데이터, 광고시행·시청률 데이터의 비디오 리서치, TV 프로그램 정보 데이터의 M데이터와 와이어 액션, 제조사, 유통 소매업 등이 모여 2014년에 설립했다.

유통경제연구소가 간사 역할을 맡고 각 사·단체가 갖고 있는 데이터와 노하우를 활용하여 매출을 예측하는 데 주안점을 두고 있다. 하쿠호도 프로덕트는 가설의 구축을 지원하거나 그밖의 소비자 관련, 잡지·신문 광고 데이터 등을 제공하고 있다.

1사 1업계만으로는 알 수 없는 유통과 소비의 실태를 공동으로 데이터로부터 밝혀내는 것이 목적이다. 한 기업이 품고 있는 과제를 각 사가 지혜와 데이터를 총 동원하여 풀어가는 시도를 하고 있다. 각 주체가 보유하고 있는 풍부한 데이터를 서로 교환함으로써 새로운 가치를 창출할 수 있게 되기를 바란다.

*
맺음말

이 책을 끝까지 읽어주신 독자 여러분께 감사드린다.

이 책에서 전하고 싶었던 것은 데이터 활용의 기본이다.

데이터를 활용하는 목적은 알기 쉽게 말하면 비즈니스의 문제 해결을 위한 시사점을 얻는 것이다. 기업이 고객과 밀접한 관계를 구축하는 원동력이다.

빅데이터의 시대에는 고객의 행동이나 매출의 동향 등 다양한 데이터를 용이하게 취득할 수 있다. 데이터 취득에 필요한 코스트도 현격히 낮아졌다. 그러한 정보를 십분 활용하여 가시화된 데이터로부터 고객의 진정한 의도가 보이기 시작한다. 이른바 '데이터가 말하기 시작하는' 상태다. 필자는 데이터를 활용하고 싶어하는 클라이언트와 함께 가설을 도출하면서 과제 해결을 시도하고 있다.

"광고의 반은 효과가 있지만 나머지 반은 효과가 없다. 문제는 그 반이 어느 쪽인지 모르는 것이다." 19세기에 백화점을 경영했고 근대 광고의 아버지라 불리는 존 워너메이커의 유명한 말인데, 지금은 그 반이 어느 쪽인지 알 수 있지 않을까?

데이터 분석의 결과에서 얻은 특징적인 차이에 어떤 의미를 부여해야 할까? 좌뇌의 논리적 사고뿐 아니라 때로는 우뇌적인 감성도 요구된다. 고객의 소비자로서의 환경, 상품·서비스의 이용법, 구매 행동의 특징으로부터 종합적 고찰을 해야 한다. 필자 자신도 업무를 떠나면 소비자이다. 따라서 서로 같은 시선을 갖고 있음을 잊지 않고 대상자의 일상 생활을 떠올리며 '지금 무엇이 가장 필요할까?', '무엇을 해 주면 가장 기뻐할까?'를 끊임없이 생각해 볼 수밖에 없다.

가설을 성과, 그리고 행동으로 연결한다. 그리고 지속적으로 개선하여 최적화한다. 이것이 비즈니스 빅데이터의 본질이다.

필자는 2005년에 하쿠호도 그룹에 들어온 이후 데이터 분석 활용을 중심으로 한 업무를 통해 다양한 식견을 얻을 수 있었다. 그러한 기회를 준 하쿠호도 그룹의 선배님들, 함께 분투하고 있는 동료들, 그리고 실제 안건과 회의를 통해 많은 아이디어와 자극을 준 고객 여러분, 지원을 아끼지 않은 파트너 기업의 여러분에게 이 지면을 빌려 진심으로 감사드리고 싶다.

데이터 더미 속에서 격무에 시달리며 함께 하루하루를 보내고 있는 하쿠호도 프로덕트의 데이터베이스 마케팅부 여러분에게 매일의 노력과 향상심에 경의를 표하고 싶다. 누구보다 필자 자신이 여러 가지 국면에서 지원받고 있다는 데에 대해 진심으로 고마워하고 있다. 본 집필을 위해 고바야시 히데미츠씨, 오사와 가나코씨, 이와시타 도모미씨로부터는 '주점', '슈크림', '찰떡아이스' 등의 분석 자료를 제공 받았다.

노무라종합연구소의 컨설턴트인 스즈키 료스케씨와의 만남이 없었다면 이 책은 세상에 나오지 못했다. 그의 넓고 깊은 지식으로 언제나 자극이 되는 논의를 할 수 있다는 것에 감사드린다.

니케이BP사의 각 부서 여러분, 편집 프리랜서인 요시카와 가즈히로씨는 책을 처음 출판하는 필자에게 여러 가지 도움을 주셨다. 구성, 제목, 내용에 대해 매주 의견을 교환하면서 데이터 분석과는 다른 편집면에서의 새로운 경험을 할 수 있었다. 집필에 진척이 없을 때도 끊임없는 지원과 인내를 보여 주신 것에 대해 감사하다는 말로는 다 표현할 수 없는 마음이다.

도움을 주신 모든 분들께 머리 숙여 감사의 말씀을 드린다.

그리고 응원해 준 가족에게도 감사하고 싶다.

마지막으로 자신의 입장·역할에서 여러 가지 기술의 숙달을 목표로 삼고 있는 독자들이 많을 것이다. 이 책이 그러한 준비 단계, 아이디어의 정리, 과제의 해결에 조금이라도 도움이 될 수 있기를 바란다.

오오키 신고

■ 데이터를 제공해 준 기업

커스토머 커뮤니케이션즈 : ID-POS 데이터
브레인 패드 : 가계부 애플리케이션 'ReceReco' 데이터
세이코 솔루션즈 : OES 데이터
미츠비시식품 마케팅 본부 : 시장 관련 데이터
솔리드 인텔리전스 : 소셜 데이터
M데이터 : TV 프로그램 정보 메타 데이터

■ 서적화를 위해 의견 교환을 한 분들

일본 항공 시부야 나오마사씨
히타치 인포메이션 아카데미 다나카 다카히로씨, 다이코쿠 겐이치씨
일본 여자 배구팀 데이터 애널리스트 와타나베 게이타씨

※ 분석 사례 수록에 대하여

이 책에 게재되어 있는 분석 사례는 원칙적으로 관련 회사의 허가를 받았다. 그 밖에 기업이 특정되지 않도록 유사 사례를 묶어 소개하는 등 편집에 주의를 기울였다.

[1] ルディー和子著、『データベース・マーケティングの実際』、日本経済新聞社出版、2000年

[2] 山本直人著、『マーケティング企画技術―マーケティング・マインド養成講座』、東洋経済新報社、2005年

[3] 須藤実和著、『実況LIVEマーケティング実践講座』、ダイヤモンド社、2005年

[4] ドン・シュルツ／ハイジ・シュルツ著、『ドン・シュルツの統合マーケティング』、ダイヤモンド社、2005年

[5] デイヴィッド・オグルヴィ著、『ある広告人の告白』、海と月社、2006年

[6] 博報堂買物研究所著、『買物欲マーケティング―「売る」を「買う」から考える』、ダイヤモンド社、2007年

[7] 谷山雅計著、『広告コピーってこう書くんだ! 読本』、宣伝会議、2007年

[8] 佐藤尚之著、『明日の広告 ― 変化した消費者とコミュニケーションする方法』、アスキー・メディアワークス、2008年

[9] トーマス・H・ダベンポート／ジェーン・G・ハリス著、『分析力を武器とする企業』、日経BP社、2008年

[10] 博報堂ブランドコンサルティング著、『サービスブランディング―「おもてなし」を仕組みに変える』、ダイヤモンド社、2008年

[11] 湯川鶴章著、『次世代マーケティングプラットフォーム― 広告とマスメディアの地位を奪うもの』、ソフトバンククリエイティブ、2008年

[12] 小沢正光著、『プロフェッショナルプレゼン。― 相手の納得をつくるプレゼンテーションの戦い方。』、インプレスジャパン、2008年

[13] 寄藤文平著、『数字のモノサシ』、大和書房、2008年

[14] 後藤一喜著、『費用対効果が見える広告― レスポンス広告のすべて』、翔泳社、2009年

[15] 博報堂DYグループエンゲージメント研究会著、『「自分ごと」だと人は動く― 情報がスルーされる時代のマーケティング』、ダイヤモンド社、2009年

[16] 鷹野義昭著、『CM好感度NO.1だけどモノが売れない謎 ― 明日からテレビCMがもっと面白くなるマーケティング入門』、ビジネス社、2009年

[17] 本田哲也著、『新版 戦略PR ― 空気をつくる。世論で売る。』、アスキー・メディアワークス、2011年

[18] 岸田雅裕著、『マーケティングマインドのみがき方』、東洋経済新報社、2010年

[19] フィリップ・コトラー／ヘルマワン・カルタジャヤ／イワン・セティアワン著、『コトラーのマーケティング3.0 ― ソーシャル・メディア時代の新法則』、朝日新聞出版、2010年

[20] 須田和博著、『使ってもらえる広告 ―「見てもらえない時代」の効くコミュニケーション』、アスキー・メディアワークス、2010年

[21] 内田学／兼子良久／斉藤嘉一著、『文系でもわかるビジネス統計入門』、東洋経済新報社、2010年

[22] 佐野研二郎著、『今日から始める思考のダイエット』、マガジンハウス、2010年

[23] 財団法人流通経済研究所編、『ショッパー・マーケティング』、日本経済新聞出版社、2011年

[24] 鈴木良介著、『ビッグデータビジネスの時代 ― 堅実にイノベーションを生み出すポスト・クラウドの戦略』、翔泳社、2011年

[25] 櫻木裕之著、『「本当のお客様」の見つけ方 ― 儲かる顧客構造をつくるマーケティングROI』、日本経済新聞出版社、2012年

[26] 高広伯彦著、『次世代コミュニケーションプランニング』、ソフトバンククリエイティブ、2012年

[27] 寄藤文平著、『絵と言葉の一研究 ―「わかりやすい」デザインを考える』、美術出版社、2012年

[28] 鈴木良介著、『ビッグデータ・ビジネス』、日本経済新聞出版社、2012年

[29] 神岡太郎／博報堂エンゲージメントビジネスユニット著、『マーケティング立国ニッポンへ ― デジタル時代、再生のカギはCMO機能』、日経BP社、2013年

[30] ディミトリ・マークス／ポール・ブラウン著、『データ・サイエンティストに学ぶ「分析力」-ビッグデータからビジネス・チャンスをつかむ』、日経BP社、2013年

[31] 西内啓著、『統計学が最強の学問である── データ社会を生き抜くための武器と教養』、ダイヤモンド社、2013年

[32] 河本薫著、『会社を変える分析の力』、講談社、2013年

[33] 朝永久見雄著、『セブン&アイHLDGS. 9兆円企業の秘密── 世界最強オムニチャネルへの挑戦』、日本経済新聞出版社、2013年

[34] 渡辺啓太著、『データを武器にする── 勝つための統計学』、ダイヤモンド社、2013年

빅 데이터 사용 설명서

그해 여름, 고등어 통조림은 어떻게 히트상품이 되었을까?

2015. 8. 20. 1판 1쇄 발행
2017. 8. 10. 1판 2쇄 발행

지은이 | 오오키 신고
옮긴이 | 임재덕
감 수 | 박현선
펴낸이 | 이종춘
펴낸곳 | **BM** 주식회사 성안당
주소 | 04032 서울시 마포구 양화로 127 첨단빌딩 5층(출판기획 R&D 센터)
     | 10881 경기도 파주시 문발로 112 출판문화정보산업단지(제작 및 물류)
전화 | 02) 3142-0036
     | 031) 950-6300
팩스 | 031) 955-0510
등록 | 1973. 2. 1. 제406-2005-000046호
출판사 홈페이지 | **www.cyber.co.kr**
ISBN | 978-89-315-8112-6 (03320)
정가 | **13,800원**

이 책을 만든 사람들
책임 | 최옥현
진행 | 정지현
교정 · 교열 | 최수진
본문 디자인 | 김인환
표지 디자인 | 박원석
홍보 | 박연주
국제부 | 이선민, 조혜란, 김해영, 고운채, 김필호
마케팅 | 구본철, 차정욱, 나진호, 이동후, 강호묵
제작 | 김유석

www.cyber.co.kr
성안당 Web 사이트

■ **도서 A/S 인내**

> 성안당에서 발행하는 모든 도서는 저자와 출판사, 그리고 독자가 함께 만들어 나갑니다.
> 좋은 책을 펴내기 위해 많은 노력을 기울이고 있습니다. 혹시라도 내용상의 오류나 오탈자 등이
> 발견되면 "좋은 책은 나라의 보배"로서 우리 모두가 함께 만들어 간다는 마음으로 연락주시기
> 바랍니다. 수정 보완하여 더 나은 책이 되도록 최선을 다하겠습니다.
> 성안당은 늘 독자 여러분들의 소중한 의견을 기다리고 있습니다. 좋은 의견을 보내주시는 분께는
> 성안당 쇼핑몰의 포인트(3,000포인트)를 적립해 드립니다.
> **잘못 만들어진 책이나 부록 등이 파손된 경우에는 교환해 드립니다.**

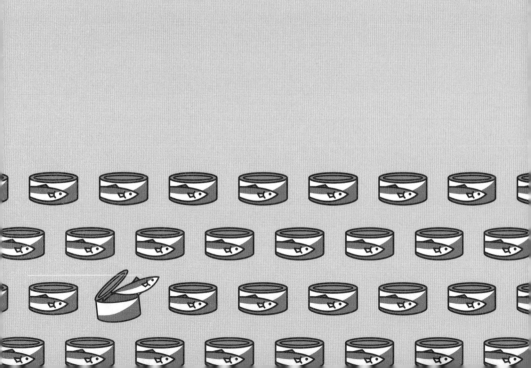